Sekundarstufe

Horst Hartmann

AF569302

Die Wortarten

NOMEN

VERBEN

ADJEKTIVE

uvm...

Grundlagen der Grammatik verstehen und festigen

Die Wortarten

Grundlagen der Grammatik verstehen und festigen

9. Auflage 2026

Inhalt: Horst Hartmann
Umschlagbilder: © Karoon Cha, volondoff & Marco2811 - AdobeStock.com
Redaktion: Kohl-Verlag
Grafik & Satz: Kohl-Verlag
Druck: Elanders Druck, Waiblingen

Bestell-Nr. 12 091

ISBN: 978-3-96040-274-9

Bildquellen:

Kapitel, Lösungen, S. 5, 19, 23, 27, 38: © fotomek - AdobeStock.com; S. 14 und 16: © Kurhan - AdobeStock.com; S. 20: © photophonie - AdobeStock.com; S. 21: © clipart.com; S.24 und 26 © Robert Kneschke - AdobeStock.com; S. 30 und 33: © awesomedwarf - AdobeStock.com; S. 35, 36 und 37: © clipart.com; S. 39, 40 und 41: © LVDESIGN - AdobeStock.com; S. 43 und 44: © Voloshyn Roman - AdobeStock.com; S. 45: © Jacob Lund - AdobeStock.com; Heftsymbol: © Angelaravaiol - AdobeStock.com

Kontakt: Kohl-Verlag, An der Brennerei 37-45, 50170 Kerpen
Tel: +49 2275 331610, Mail: info@kohlverlag.de

Inhalt

Vorwort & Methodisch-didaktische Hinweise

Liebe Kolleginnen und Kollegen,

die Meinungen über den Umfang des Wortschatzes, den man haben muss, um die deutsche Sprache zu beherrschen, gehen auseinander. Im Durchschnitt werden von Fachleuten zwischen 1.500 und 5.000 Wörter genannt. Laut Duden beherrscht der Deutsche Durchschnittssprecher etwa 12.000 bis 16.000 Wörter. Genaue Zahlen anzugeben ist unmöglich, weil es ständig neue Wortschöpfungen gibt.

Egal, wie viele Wörter wir beherrschen, wir können sie alle in die 10 bekannten Wortarten einteilen. Acht der zehn Wortarten werden in diesem Band mit den entsprechenden Regeln vorgestellt und dann in einzelnen, unabhängig voneinander einsetzbaren Einheiten geübt.

Auf Übungen zu Numeralien (Zahlwörter) und Interjektionen (Ausrufewörter) wird verzichtet, weil sich hier kaum Fehlerquellen ergeben.

Sowohl Material als auch Lösungen sind dreifach differenziert und zum selbstständigen Arbeiten geeignet. So können durch einfache Binnendifferenzierung nach dem jeweiligen Leistungsvermögen verschiedene Übungen individuell erlernt und trainiert werden.

Die drei Niveaustufen zur Differenzierung sind:

⊙ = grundlegendes Niveau

! = mittleres Niveau

✶ = erweitertes Niveau

Die Aufgaben zum grundlegenden Niveau sollten von allen Schülern bearbeitet werden können. Aufgaben mit mittlerem Niveau bieten Erweiterungen und höhere Anforderungen als das grundlegende Niveau. Die Aufgaben des erweiterten Niveaus sind sogenannte Expertenaufgaben und enthalten vertiefende oder weiterführende Aufgabenstellungen.

Zur Erleichterung der Arbeitskontrolle findet man im Schlussteil entsprechende Lösungsmöglichkeiten. Diese sind teilweise nur Vorschläge, da einige Aufgaben individuelle Lösungen zulassen.
Viel Freude und Erfolg beim Einsatz der Materialien wünschen Ihnen das Redaktionsteam des Kohl-Verlages und

Horst Hartmann

Symbole: ⊙ Grundlegendes Niveau ! Mittleres Niveau ✶ Erweitertes Niveau

1 Artikel

Definition:

Ein **Artikel** (Begleiter, Geschlechtswort) gehört immer zu einem **Nomen**. Man unterscheidet zwischen den **bestimmten Artikeln** (der, die, das) und den **unbestimmten Artikeln** (ein, eine). An dem Artikel kann man das **grammatische Geschlecht** des Nomens erkennen.

2 Nomen

Definition:

Ein **Nomen** (Substantiv, Hauptwort, Dingwort) bezeichnet **Gegenstände** (der Tisch) und **Lebewesen** (der Hund) ebenso wie **abstrakte Dinge** (die Hoffnung), **Pflanzen** (der Baum) und **Namen** (Jens).
Nomen kann man **deklinieren**.

Besonderheiten:

- **Nomen werden großgeschrieben.**
- Fast alle Nomen gibt es in der **Einzahl (Singular)** und in der **Mehrzahl (Plural).**

Nur im Singular gibt es:

- **Sammelbegriffe** (das Gepäck, das Getreide, das Vieh, der Schmuck ...)
- **Begriffe, die man nicht zählen kann** (der Regen, der Schnee, das Wasser ...)
- **Einige abstrakte Begriffe** (der Mut, die Treue, die Liebe, das Vertrauen ...)

Nur im Plural gibt es:

- **Einige geografische Begriffe** (die Kanaren, die Alpen, die USA...)
- **Sammelbegriffe** (die Ferien, die Unkosten, die Leute, die Eltern, die Lebensmittel, die Röteln ...)

Nomen

Bei den **Nomen gibt es drei Geschlechter**. Das Geschlecht eines Nomens erkennt man an dem Artikel. Wobei das sächliche Geschlecht nicht immer etwas mit einer Sache zu tun haben muss.

Beispiel:
Das Kind kann – rein biologisch betrachtet – **männlich** (Junge) oder **weiblich** (Mädchen) sein. Als Nomen ist es aber **sächlich** – Neutrum also.

Du solltest also die Nomen immer gleich zusammen mit dem Artikel lernen, da es nur ganz wenige Hinweise auf das Geschlecht gibt.

Männliche Nomen:

- alle Nomen mit der Endsilbe **-er**, die von Verben abgeleitet sind (**der** Les**er**, **der** Mal**er, der** Lehr**er**)
- alle Nomen mit der Endsilbe **-ling**. (**der** Feig**ling**, **der** Lehr**ling**, **der** Schmetter**ling**, **der** Lieb**ling**, **der** Winz**ling**...)
- Jahreszeiten (**der** Frühling, **der** Sommer, **der** Herbst, **der** Winter)
- Monate (**der** Januar, **der** Februar, **der** März,...)
- Wochentage (**der** Montag, **der** Dienstag, **der** Mittwoch...)
- Tageszeiten (**der** Morgen, **der** Mittag, **der** Nachmittag, **der** Abend – aber: **die Nacht**!)
- Himmelsrichtungen (**der** Osten, **der** Westen, **der** Norden, **der** Süden)
- Wetter (**der** Schnee, **der** Regen, **der** Wind – aber: **die Sonne**!)

Weibliche Nomen:

- alle Nomen mit den Endsilben
  -heit (**die** Frech**heit**, **die** Wahr**heit**, **die** Gelegen**heit** ...)
  -keit (**die** Freundlich**keit**, **die** Fröhlich**keit, die** Übel**keit** ...)
  -schaft (**die** Herr**schaft**, **die** Mann**schaft**, **die** Wissen**schaft** ...)
  -ung (**die** End**ung**, **die** Untersuch**ung**, **die** Zeit**ung** ...)

Sächliche Nomen:

- alle Nomen mit den Endsilben **-chen** (**das** Mäd**chen**, **das** Mär**chen** ...) und der Verniedlichungsform **-lein** (**das** Fräu**lein**, **das** Büch**lein** ...)
- alle Farben (**das Blau**, **das Gelb**, **das Rot** ...)
- **alle substantivierten Verben** (**das Schreiben**, **das Rechnen**, **das Lesen** ...)

Zusammengesetzte Nomen:

- Bei zusammengesetzten Nomen richtet sich das Geschlecht immer nach dem zweiten Wortstamm.

  Beispiel: **Das** Fahrrad, **der** Schlüssel ⇨ **der** Fahrradschlüssel
  Der Geburtstag, **die** Karte ⇨ **die** Geburtstagskarte

Nomen

Aufgabe 1: *Ergänze die Tabelle.*

Nomen	m	w	s	Artikel
Nagel	✓			der / ein Nagel
Redner				✎
Mutterschaft				
Spielchen				
Südosten				
Taschenrechner				
Hass				
Hoffnungslosigkeit				
Azoren				
Nebenkosten				
Treue				

Aufgabe 2: *Sortiere die Begriffe so, dass 16 zusammengesetzte neue Nomen entstehen. Schreibe in dein Heft.*

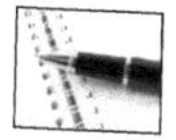

Beispiel: Fahrrad – Kette ⇨ Fahrradkette

Anzug – Armband – Bahn –Ball – Brett – Brief – Eis – Geburtstag – Geschenk – Geschenk
Hand – Haus – Kasten – Mantel – Mütze – Papier – Park – Pudel – Regen – Schild – Schnee
Schnee – Ski – Schuh – Sprung – Stadt – Stopp – Stopp – Sturm – Uhr – Uhr – Vogel

Aufgabe 3: *In diesem Suchsel sind neun Nomen versteckt. Finde und markiere sie farbig.*

W
S
T K O
R M J
A K T
E U J R M
U R M B W
W Z K I N D L E I N T I I U K H B M S H A S E L T
O W S R Y J R B V E G X C A Ä O F B R W W W I
Y A Q R U O V I K R H X S Y R Y X S C
U J U R C W E T U S C I E G Z
H I K I D I T N V H H C C
L A I H T G G D E H H
B N N X E R D I N E H
Y O J Q O I C G G A E
M A N N S C H A F T E I D
Q W F E H M G Y T S
N A S E I W I N
T E I G R E
Y Q

Aufgabe 4: *Schreibe die Nomen mit dem passenden bestimmten und unbestimmten Artikel in dein Heft.*

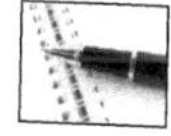

2 Nomen !

Aufgabe 1: *Ergänze die Tabelle.*

Nomen	m	w	s	Singular	Plural
Nagel	✓			der / ein Nagel	die Nägel
Redner					
Mutterschaft					
Spielchen					
Südosten					
Taschenrechner					
Hass					
Hoffnungslosigkeit					
Azoren					
Nebenkosten					
Treue					

Aufgabe 2: *Ordne die passenden bestimmten Artikel zu und sortiere die Begriffe so, dass 16 zusammengesetzte neue Nomen entstehen. Schreibe in dein Heft.*

Beispiel: Fahrrad – Kette ⇨ Fahrradkette

Anzug – Armband – Bahn – Ball – Brett – Brief – Eis – Geburtstag – Geschenk – Geschenk
Hand – Haus – Kasten – Mantel – Mütze – Papier – Park – Pudel – Regen – Schild – Schnee
Schnee – Ski – Schuh – Sprung – Stadt – Stopp – Stopp – Sturm – Uhr – Uhr – Vogel

Aufgabe 3: *In diesem Suchsel sind neun Nomen versteckt. Finde und markiere sie farbig.*

```
                  W
                  S
                T K O
                R M J
                A K T
              E U J R M
              U R M B W
W Z K I N D L E I N T I I U K H B M S H A S E L T
  O W S R Y J R B V E G X C A Ä O F B R W W W I
      Y A Q R U O V I K B H X S Y R Y X S C
          U J U R C W E T U S C I E G Z
            H I K I D I T N V H H C C
              L A I H T G G D E H H
              B N N X E R D I N E H
              Y O J Q O I C G G A E
            M A N N S C H A F T E I D
            Q W F E H         M G Y T S
            N A S E             I W I N
          T E I                   G R E
          Y                           Q
```

Aufgabe 4: *Setze die gefundenen Begriffe (möglichst mit Artikel) passend in den Text ein.*

a) In der Kabine herrschte große ________________________.

b) ________________________ hatte das Spiel verloren.

c) ________________ hoppelte über die Wiese.

d) Am Himmel braute sich ________________ zusammen. Heftiger ________________ prasselte auf die Erde.

e) ________________ bohrte mit dem Finger in seiner ______________.

f) ________________ für das Konzert ging nur über das Internet. Norbert fand, dass das ________________________ sei.

Nomen

Aufgabe 1: *Ergänze die Tabelle. Wenn du für das Geschlecht des Nomens eine bestimmte Regel erkennst, dann schreibe sie bitte in einem Stichwort auf.*

Nomen	m	w	s	Regel	Singular	Plural
Herrlichkeit				Endsilbe -keit	die/eine Herrlichkeit	die Herrlichkeiten
Brötchen						
Sturm						
Nagel						
Redner						
Mutterschaft						
Spielchen						
Südosten						
Taschenrechner						
Hass						
Hoffnungslosigkeit						
Azoren						
Nebenkosten						
Treue						

Aufgabe 2: *Ordne die passenden bestimmten Artikel zu und sortiere die Begriffe so, dass 16 zusammengesetzte neue Nomen entstehen. Schreibe in dein Heft.*

Beispiel: das/ein Fahrrad – die/eine Kette ⇨ die/eine Fahrradkette

Armband – Brief – Eis – Geburtstag – Geschenk – Hand – Pudel – Regen
Schnee – Schnee – Ski – Sprung – Stadt – Stopp – Stopp – Vogel

Aufgabe 3: *In diesem Suchsel sind neun Nomen versteckt. Finde und markiere sie farbig.*

W
S
T K O
R M J
A K T
E U J R M
U R M B W
W Z K I N D L E I N T I I U K H B M S H A G E L T
O W S R Y J R B V E G X C A Ä O F B R W W W I
Y A Q R U O V I K B H X S Y R Y X S C
U J U R C W E T U S C I E G Z
H I K I D I T N V H H C C
L A I H T G G D E H H
B N N X E R D I N E H
Y O J Q O I C G G A E
M A N N S C H A F T E I D
Q W F E H M G Y T S
N A S E I W I N
T E I G R E
Y Q

Aufgabe 4: *Bilde mit jedem der gefundenen Wörter einen Satz. Benutze dabei den bestimmten und den unbestimmten Artikel. Forme den Satz dann – wenn möglich – in den Plural um. Schreibe die Sätze in dein Heft.*

Beispiel: Trainer:
Der/ein Trainer hat seine Mannschaft gut eingestellt
Die Trainer haben ihre Mannschaften gut eingestellt.

Verben

Definition:
Verben sagen uns, was jemand macht oder tut. Deswegen nennt man sie auch „**Tätigkeitswörter**", „**Tuwörter**" oder „**Tunwörter**". Weil Verben zusätzlich aber auch die Zeitform angeben, werden sie auch „**Zeitwörter**" genannt. Verben kann man konjugieren.

Weil man Verben weder sehen noch anfassen kann, werden sie **kleingeschrieben**.

Es gibt jedoch **zwei Ausnahmen**:

- Am Satzanfang schreibt man auch Verben groß.
  Beispiel: **S**chlafen muss jeder Mensch.
- Wenn vor dem Verb ein Begleiter (Artikel) steht, dann wird das Verb auch großgeschrieben. Denn dann wird aus dem Verb ein Hauptwort (Nomen).
  Beispiel: Das **A**bschreiben ist in der Schule verboten.

Jedes Verb hat einen „**Infinitiv**". Der Infinitiv ist die Grundform und endet auf -en oder -n. Diese Endung wird einfach an den Wortstamm angehängt. Wenn du ein Verb in einem Wörterbuch suchst, wirst du es immer im Infinitiv finden.

Den Infinitiv kann man „**konjugieren**", das heißt durch verschiedene Personen und Zeiten abwandeln. Andere Begriffe dafür sind „**beugen**", „**flektieren**" oder „**deklinieren**".

	Person	Endung	Beispiele
Singular	1. Person: **ich**	**-e**	**ich** rechn**e**, **ich** denk**e**
	2. Person: **du**	**-st**	**du** rechne**st**, **du** denk**st**
	3. Person: **er/sie/es**	**-t**	**er/sie/es** rechne**t**, **er/sie/es** denk**t**
Plural	1. Person: **wir**	**-en**	**wir** rechn**en**, **wir** denk**en**
	2. Person: **ihr**	**-t**	**ihr** rechne**t**, **ihr** denk**t**
	3. Person: **sie**	**-en**	**sie** rechn**en**, **sie** denk**en**

3 Verben

Welche Verben gibt es? Man unterscheidet zwischen **regelmäßigen (schwachen) Verben**, **unregelmäßigen (starken) Verben** und **gemischten Verben**. Dazu gibt es noch **Hilfsverben** und **Modalverben**.

a) Bei „**regelmäßigen Verben**" („**schwachen Verben**"), bildet man z.B. das Präteritum, indem man lediglich ein **-t** oder ein **-et** vor die Personalendung setzt.
Für das Perfekt und das Plusquamperfekt wird die Vorsilbe **ge-** vor den Wortstamm gestellt.

Beispiel: Infinitiv: red**en**. Der Wortstamm ist: **red**

	Person	Präsens	Präteritum	Perfekt	Plusquamperfekt
Singular	1. Person: ich	red -e	red- et- e	ich habe geredet	ich hatte geredet
	2. Person: du	red -est	red- et- est	du hast geredet	du hattest geredet
	3. P.: er/sie/es	red -et	red- et- e	er hat geredet	er hatte geredet
Plural	1. Person: wir	red -en	red- et- en	wir haben geredet	wir hatten geredet
	2. Person: ihr	red -t	red- et- et	ihr habt geredet	ihr hattet geredet
	3. Person: sie	red -en	red- et- en	sie haben geredet	sie hatten geredet

b) „**Unregelmäßige Verben**" („**starke Verben**") brauchen beim Konjugieren einen anderen Stammvokal als im Infinitiv. Wegen dieser starken Veränderung nennt man sie eben „starke Verben".

Beispiel: Infinitiv: lesen. Der Wortstamm ist: **les**

	Person	Präsens	Präteritum	Perfekt	Plusquamperfekt
Singular	1. Person: ich	les- e	las	ich habe gelesen	ich hatte gelesen
	2. Person: du	lies- st	las - t	du hast gelesen	du hattest gelesen
	3. P.: er/sie/es	lies- t	las	er hat gelesen	er hatte gelesen
Plural	1. Person: wir	les- en	las- en	wir haben gelesen	wir hatten gelesen
	2. Person: ihr	les- t	las- t	ihr habt gelesen	ihr hattet gelesen
	3. Person: sie	les- en	las- en	sie haben gelesen	sie hatten gelesen

c) „**Gemischte Verben**" Die gemischten Verben ändern (wie die starken Verben) im Präteritum und im Partizip II den Stammvokal, behalten aber in beiden Zeiten genau die gleichen Endungen wie die schwachen Verben.

Beispiele: brennen, bringen, denken, kennen, nennen, rennen, wissen.

Für das Perfekt und das Plusquamperfekt wird die Vorsilbe **ge-** vor den Wortstamm gestellt und ein **-t** hinten angehängt.

Beispiel: Infinitiv: renn**en**. Der Wortstamm ist: **renn**

	Person	Präsens	Präteritum	Perfekt	Plusquamperfekt
Singular	1. Person: ich	renn- e	rann- t- e	ich bin gerann-t	ich war gerann-t
	2. Person: du	renn- st	rann- t- est	du bist gerann-t	du warst gerann-t
	3. P.: er/sie/es	renn- t	rann- t- e	er ist gerann-t	er war gerann-t
Plural	1. Person: wir	renn- en	rann- t- en	wir sind gerann-t	wir waren gerann-t
	2. Person: ihr	renn- t	rann- t- et	ihr seid gerann-t	ihr wart gerann-t
	3. Person: sie	renn- en	rann- t- en	sie sind gerann-t	sie waren gerann-t

d) **Hilfsverben**: Es gibt **3 Hilfsverben**: **sein**, **haben** und **werden**. Hilfsverben können **nie alleine** das Prädikat eines Satzes bilden. Sie benötigen immer den Infinitiv eines Vollverbs, damit der Satz einen Sinn ergibt.

	Person	Präsens	Präteritum
Singular	1. Person: ich	bin, habe, werde	war, hatte, wurde
	2. Person: du	bist, hast, wirst	warst, hattest, wurdest
	3. P.: er/sie/es	ist, hat, wird	war, hatte, wurde
Plural	1. Person: wir	sind, haben, werden	waren, hatten, wurden
	2. Person: ihr	seid, habt, werdet	wart, hattet, wurdet
	3. Person: sie	sind, haben, werden	waren, hatten, wurden

 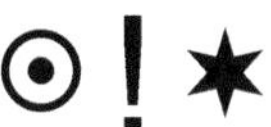

d) Modalverben

„**Modalverben**“ nennt man auch „**Gefügeverben**“, weil sie normalerweise nicht alleine sondern zusammen in einem **Gefüge** mit dem Infinitiv eines **Vollverbs** stehen. Mit den Modalverben können wir dann die **Aussage** des Vollverbs **ändern**.

Es gibt 6 **Modalverben**: dürfen, müssen, können, mögen, sollen und wollen.

Dürfen und **können** drücken eine **Möglichkeit** oder eine **Fähigkeit** aus.
Mögen und **wollen** benutze ich, wenn ich eine **Absicht** habe.
Will ich eine **Notwendigkeit** ausdrücken, benutze ich **müssen** oder **sollen**.
Die Modalverben bilden das Präteritum regelmäßig. Allerdings werden im Präteritum die Umlaute ö und ü zu o und u.

Im Präsens werden die Stammvokale ebenfalls geändert.

- **Konjugation: dürfen, müssen**

	Person	Präsens	Präteritum
Singular	1. Person: ich	darf, muss	durfte, musste
	2. Person: du	darfst, musst	durftest, musstes
	3. P.: er/sie/es	darf, muss	durfte, musste
Plural	1. Person: wir	dürfen, müssen	durften, mussten
	2. Person: ihr	dürft, müsst	durftet, musstet
	3. Person: sie	dürfen, müssen	durften, mussten

- **Konjugation: können, mögen**

	Person	Präsens	Präteritum
Singular	1. Person: ich	kann, mag	konnte, mochte
	2. Person: du	kannst, magst	konntest, mochtest
	3. P.: er/sie/es	kann, mag	durfte, musste
Plural	1. Person: wir	können, mögen	konnten, mochten
	2. Person: ihr	könnt, mögt	konntet, mochtet
	3. Person: sie	können, mögen	konnten, mochten

- **Konjugation: sollen, wollen**

	Person	Präsens	Präteritum
Singular	1. Person: ich	soll, will	sollte, wollte
	2. Person: du	sollst, willst	solltest, wolltest
	3. P.: er/sie/es	soll, will	sollte, wollte
Plural	1. Person: wir	sollen, wollen	sollten, wollten
	2. Person: ihr	sollt, wollt	solltet, wolltet
	3. Person: sie	sollen, wollen	sollten, wollten

Verben

Aufgabe 1: *Setze diese Verben grammatikalisch richtig in die Lücken ein.*

mieten (Perfekt) – wohnen – haben – geweckt werden (Präteritum) sitzen sich abwechseln – machen – spielen – müssen – sitzen – lesen haben sollen – reichen – bremsen – halten – aussteigen – sein – fragen schütteln – haben – kaufen – verhungern – einsteigen – duften – rufen geben – kauen – spielen – leiten – wissen – müssen – fragen – haben können – beschreiben – müssen – abbiegen – sein – dürfen – aussteigen vertreten – steigen – seufzen – ergänzen – werden – wandern

Fahrt in den Urlaub

Familie Gruber _______________ eine Ferienwohnung an der Ostsee _______________. Da sie aber in Süddeutschland _______________, _______________ sie eine sehr lange Anreise. Inga (13) und Jens (15) _______________ schon um 3:20 Uhr _______________. Inzwischen _______________ sie schon seit 9 Stunden im Auto. Ihre Eltern _______________ beim Fahren regelmäßig _______________und _______________ deshalb kaum eine Pause. Inga _______________ auf ihrem Handy schon den 6. Level eines Spiels, bei dem sie mit einer Drohne Pakete ausliefern _______________. Jens _______________still in der Ecke und _______________ einen Action-Roman. Und da das Buch über 800 Seiten _______________, _______________es auch noch für die Rückfahrt _______________.

Plötzlich _______________ ihr Vater. Er _______________ vor einer Bäckerei und _______________. „_______________ wir endlich da?", _______________ Inga. Ihre Mutter _______________ den Kopf. „Wir _______________ noch 43 Kilometer vor uns. Aber Paps _______________ eben ein paar Brötchen, damit ihr nicht _______________." Gut gelaunt _______________ Herr Gruber wieder _______________. Es _______________ herrlich nach frischen Brötchen.

„So – Endspurt!", _______________er fröhlich und _______________ Gas.

3 Verben

Während die Kinder zufrieden _______________, _______________ Frau Gruber das Navi und _______________ ihren Mann direkt zu dem Ferienort. Doch dann _______________auch sie nicht mehr weiter. Am Ortseingang _______________ sie einen Fußgänger nach der Adresse. Sie _______________ Glück, denn der Mann _______________ ihnen den Weg genau _______________. Sie _______________ nur noch einmal links _______________ und dann _______________ sie schon da. Endlich _______________ alle _______________und sich die Beine _______________. „In den nächsten Tagen _______________ ich in kein Auto mehr!“, _______________ Jens. Und seine Schwester _______________: „Ab jetzt _______________ nur noch _______________.“

Aufgabe 2: *Übertrage die beiden Tabellen in dein Heft und konjugiere die Infinitive durch die angegebenen Zeiten.*

schreiben – tanzen – braten – gewinnen – riechen – nennen

	1. Person Singular	**2. Person Singular**	**3. Person Singular**
Präsens	ich schreibe ich...	du schreibst du ...	er, sie, es schreibt, er, sie, es ...
Präteritum	ich...		
Perfekt			
Plusquam-perfekt			

	1. Person Plural	**2. Person Plural**	**3. Person Plural**
Präsens	wir schreiben wir...	ihr schreibt ihr...	sie schreiben sie...
Präteritum	wir...		
Perfekt			
Plusquam-perfekt			

3 Verben !

Aufgabe 1: *Setze diese Verben grammatikalisch richtig an den passenden Stellen ein.*

abbiegen, aussteigen (2x), beschreiben, bremsen, duften, dürfen, einsteigen, ergänzen, fragen (2x), geben, geweckt werden (Präteritum), haben (5x), halten, kauen, kaufen, können, leiten, lesen, machen, mieten (Perfekt), müssen (3x), reichen, rufen, schütteln, sein (2x), seufzen, sich abwechseln, sitzen (2x), sollen spielen (2x), steigen (2x), verhungern, vertreten, wandern, werden (2x), wissen, wohnen

Fahrt in den Urlaub

Familie Gruber ______________ eine Ferienwohnung an der Ostsee ______________. Da sie aber in Süddeutschland ______________, ______________ sie eine sehr lange Anreise. Inga (13) und Jens (15) ______________ schon um 3:20 Uhr ______________. Inzwischen ______________ sie schon seit 9 Stunden im Auto. Ihre Eltern ______________ beim Fahren regelmäßig ______________ und ______________ deshalb kaum eine Pause. Inga ______________ auf ihrem Handy schon den 6. Level eines Spiels, bei dem sie mit einer Drohne Pakete ausliefern ______________. Jens ______________ still in der Ecke und ______________ einen Action-Roman. Und da das Buch über 800 Seiten ______________, ______________ es auch noch für die Rückfahrt ______________.

Plötzlich ______________ ihr Vater. Er ______________ vor einer Bäckerei und ______________. „______________ wir endlich da?", ______________ Inga.

Ihre Mutter ______________ den Kopf. „Wir ______________ noch 43 Kilometer vor uns. Aber Paps ______________ eben ein paar Brötchen, damit ihr nicht ______________." Gut gelaunt ______________ Herr Gruber wieder ______________. Es ______________ herrlich nach frischen Brötchen.

„So – Endspurt!", ______________ er fröhlich und ______________ Gas.

Lernen mit Erfolg KOHL VERLAG Die Wortarten – Bestell-Nr. 12 091

3 Verben !

Während die Kinder zufrieden _______________, _______________ Frau Gruber das Navi und _______________ ihren Mann direkt zu dem Ferienort. Doch dann _______________auch sie nicht mehr weiter. Am Ortseingang _______________ sie einen Fußgänger nach der Adresse. Sie _______________ Glück, denn der Mann _______________ ihnen den Weg genau _______________. Sie _______________ nur noch einmal links _______________ und dann _______________ sie schon da. Endlich _______________ alle _______________und sich die Beine _______________. „In den nächsten Tagen _______________ ich in kein Auto mehr!“, _______________ Jens. Und seine Schwester _______________: „Ab jetzt _______________ nur noch _______________.“

Aufgabe 2: *Übertrage die beiden Tabellen in dein Heft und konjugiere die Infinitive durch die angegebenen Zeiten.*

schreiben – tanzen – braten
gewinnen – riechen nennen
schneiden – schweigen – waschen

	1. Person Singular	2. Person Singular	3. Person Singular
Präsens	ich schreibe ich...	du schreibst du ...	er, sie, es schreibt, er, sie, es ...
Präteritum	ich...		
Perfekt			
Plusquam-perfekt			

	1. Person Plural	2. Person Plural	3. Person Plural
Präsens	wir schreiben wir...	ihr schreibt ihr...	sie schreiben sie...
Präteritum	wir...		
Perfekt			
Plusquam-perfekt			

3

Verben

Aufgabe 1: *Setze die Verben grammatikalisch richtig in die Vergangenheit und schreibe den Text dann in dein Heft. Achtung: Einige Verben können in diesem Zusammenhang nicht verändert werden.*

Fahrt in den Urlaub

Familie Gruber hat eine Ferienwohnung an der Ostsee gemietet. Da sie aber in Süddeutschland wohnen, haben sie eine sehr lange Anreise. Inga (13) und Jens (15) wurden schon um 3:20 Uhr geweckt. Inzwischen sitzen sie schon seit 9 Stunden im Auto. Ihre Eltern wechseln sich beim Fahren regelmäßig ab und machen deshalb kaum eine Pause. Inga spielt auf ihrem Handy schon den 6. Level eines Spiels, bei dem sie mit einer Drohne Pakete ausliefern muss. Jens sitzt still in der Ecke und liest einen Action-Roman. Und da das Buch über 800 Seiten hat, sollte es auch noch für die Rückfahrt reichen. Plötzlich bremst ihr Vater. Er hält vor einer Bäckerei und steigt aus. „Sind wir endlich da?", fragt Inga. Ihre Mutter schüttelt den Kopf. „Wir haben noch 43 Kilometer vor uns. Aber Paps kauft eben ein paar Brötchen, damit ihr nicht verhungert." Gut gelaunt steigt Herr Gruber wieder ein. Es duftet herrlich nach frischen Brötchen. „So – Endspurt!", ruft er fröhlich und gibt Gas. Während die Kinder zufrieden kauen, spielt Frau Gruber das Navi und leitet ihren Mann direkt zu dem Ferienort. Doch dann weiß auch sie nicht mehr weiter. Am Ortseingang muss sie einen Fußgänger nach der Adresse fragen. Sie hat Glück, denn der Mann kann ihnen den Weg genau beschreiben. Sie müssen nur noch einmal links abbiegen und dann sind Sie schon da. Endlich dürfen alle aussteigen und sich die Beine vertreten. „In den nächsten Tagen steige ich in kein Auto mehr!", seufzt Jens. Und seine Schwester ergänzt: „Ab jetzt wird nur noch gewandert."

Aufgabe 2: *Übertrage die beiden Tabellen in dein Heft und ergänze sie mit der Konjugation aller Verben durch die angegebenen Zeiten.*

schreiben – tanzen – braten
gewinnen – riechen – nennen

	1. Person Singular	2. Person Singular	3. Person Singular
Präsens	ich schreibe ich...	du schreibst du ...	er, sie, es schreibt, er, sie, es ...
Präteritum	ich...		
Perfekt			
Plusquam-perfekt			

	1. Person Plural	2. Person Plural	3. Person Plural
Präsens	wir schreiben wir...	ihr schreibt ihr...	sie schreiben sie...
Präteritum	wir...		
Perfekt			
Plusquam-perfekt			

Adjektive

Definition:

Adjektive (Eigenschaftswörter, Wie-Wörter) beschreiben die **Eigenschaften** von Nomen. Adjektive können deshalb auch **dekliniert** werden.

Beispiele: der **langweilige** Film, die **dicke** Frau, das **schnelle** Auto.

Sie können aber auch die Aussagen von Verben verstärken oder abschwächen.

Beispiele: Sven kann **schnell** lesen, Frau Wagner kocht **gut**
mein Bruder ist **clever**.

Besonderheiten:

- Adjektive schreibt man (außer am Satzanfang) immer **klein.**
- **Adjektive kann man steigern.**
- **Im Komparativ (1. Steigerung)** wird die Endung **-er** angehängt.

  Beispiele: schlank – schlanker, frech – frecher,
  mutig – mutiger.
- Bei einigen Adjektiven wird aus **a-ä**, aus **o-ö** und aus **u-ü**.

  Beispiele: warm – wärmer, groß – größer
  dumm – dümmer.
- **Im Superlativ (2. Steigerung)** wird entweder ein **Artikel** (der, die, das) vorangestellt **und die Endung -ste** angehängt oder „**am**" vorangestellt **und die Endung -sten** angehängt. Im Superlativ werden ebenfalls **Umlaute** gebildet.

  Beispiele: **der** langsam**ste**, **die** eifrig**ste**, **das** höch**ste**,
  am billig**sten**, **am** vorteilhafte**sten**.

Folgende Adjektive haben eine **unregelmäßige Steigerung:**

gut – besser – am besten
viel – mehr – am meisten
gern – lieber – am liebsten

Adjektive

Aufgabe 1: *Ordne die Adjektive nach dem Alphabet, schreibe sie in dein Heft und bilde die beiden Steigerungsformen.*

Beispiel: alt, älter, am ältesten.

kostbar – begehrenswert – verblüffend – dumm – traumhaft – glänzend
mächtig – liebenswert – grob – berühmt – hübsch – zuverlässig – freundlich
pikant – erstaunlich – selbstsicher – wertvoll – intensiv – kraftvoll

Aufgabe 2: *Füge diese nach dem Alphabet sortierten Adjektive an der richtigen Stelle in den Text ein.*

älterer – brav – gelben – großes – haarscharf – junge
kleinen – kreidebleich – langsam – mächtig – schnell
schwarze – schwer – sorgfältig – vorsichtig

Ein ______________ Mann fuhr mit seinem Auto viel zu ______________ durch die Stadt. An der ______________ Ampel gab er noch einmal ______________ Gas. Das Mädchen, das mit seinem ______________ Fahrrad ______________ auf Grün wartete, hatte ______________ Glück. Sie wollte gerade losfahren, als das ______________ Auto ______________ an ihr vorbeiraste. Das Mädchen wurde ______________ und stieg ______________ atmend ab. Nur ______________ beruhigte sie sich wieder. Dann stieg sie auf ihr Rad, guckte sich ______________ um und radelte ______________ zur Schule.

Aufgabe 3: *Setze die richtigen Endungen ein.*

Wir haben seit ein____ Woche eine neu___ Klassenlehrerin. Sie hat lang___, blond___ Haare und dunkel___ Augen. Sie ist viel jüng___ als Herr Berger. Sie ist aber auch streng___. Obwohl sie eine sehr leise Stimme hat, kann sie sich gut durchsetzen. Selbst Ferrat, unser größter Rabauke, ist plötzlich viel ruhig___ geworden. Heute brachte sie uns neu___ Lesebücher mit. Es sind ganz viel___, toll___ Geschichten darin. Am besten gefällt mir die Kurzgeschichte von dem geistig behindert___ Jungen, der ein klein___ Mädchen aus dem eiskalt___ Teich gezogen hat.

4 Adjektive !

Aufgabe 1: *Hier findest du 19 Adjektive in Spiegelschrift. Schreibe sie alphabetisch sortiert richtig in dein Heft und bilde zu jedem die beiden Steigerungsformen.*

Beispiel: alt, älter, am ältesten.

kostbar – begehrenswert – verblüffend – dumm – traumhaft – glänzend mächtig – liebenswert – groß – berühmt – hübsch – zuverlässig – freundlich pikant – erstaunlich – selbstsicher – wertvoll – intensiv – kraftvoll

Aufgabe 2: *Füge diese nach dem Alphabet sortierten Adjektive an der richtigen Stelle in der richtigen Form ein.*

älter – brav – gelb – groß – haarscharf jung – klein – kreidebleich – langsam mächtig – schnell – schwarz – schwer sorgfältig – vorsichtig

Ein ______________ Mann fuhr mit seinem Auto viel zu ______________ durch die Stadt. An der ______________ Ampel gab er noch einmal ______________ Gas. Das Mädchen, das mit seinem ______________ Fahrrad ______________ auf Grün wartete, hatte ______________ Glück. Sie wollte gerade losfahren, als das ______________ Auto ______________ an ihr vorbeiraste. Das Mädchen wurde ______________ und stieg ______________ atmend ab. Nur ______________ beruhigte sie sich wieder. Dann stieg sie auf ihr Rad, guckte sich ______________ um und radelte ______________ zur Schule.

Aufgabe 3: *Setze die richtigen Endungen ein.*

Wir haben seit ein____ Woche eine neu____ Klassenlehrerin. Sie hat lang____, blond____ Haare und dunkel____ Augen. Sie ist viel jüng____ als Herr Berger. Sie ist aber auch streng____. Obwohl sie eine sehr leise Stimme hat, kann sie sich gut durchsetzen. Selbst Ferrat, unser größter Rabauke, ist plötzlich viel ruhig____ geworden. Heute brachte sie uns neu____ Lesebücher mit. Es sind ganz viel____, toll____ Geschichten darin. Am besten gefällt mir die Kurzgeschichte von dem geistig behindert____ Jungen, der ein klein____ Mädchen aus dem eiskalt____ Teich gezogen hat.

Adjektive

Aufgabe 1: *In dieser Wortschlange verstecken sich 19 Adjektive. Schreibe sie alphabetisch sortiert richtig in dein Heft und bilde zu jedem die beiden Steigerungsformen.*

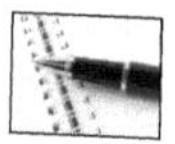

Beispiel: alt, älter, am ältesten.

kostbarbegehrenswertverblüffenddummtraumhaftglänzendmächtigliebenswertgrobbe-rühmthübschzuverlässigfreundlichpikanterstaunlichselbstsicherwertvollintensivkraftvoll

Aufgabe 2: *Füge passende Adjektive in der richtigen Form in den Text ein.*

Ein _______________ Mann fuhr mit seinem Auto viel zu _______________ durch die Stadt. An der _______________ Ampel gab er noch einmal _______________ Gas. Das Mädchen, das mit seinem _______________ Fahrrad _______________ auf Grün wartete, hatte _______________ Glück. Sie wollte gerade losfahren, als das _______________ Auto _______________ an ihr vorbeiraste. Das Mädchen wurde _______________ und stieg _______________ atmend ab. Nur _______________ beruhigte sie sich wieder. Dann stieg sie auf ihr Rad, guckte sich _______________ um und radelte _______________ zur Schule.

Aufgabe 3: *Schreibe vier von deinen gefundenen Adjektiven in allen Steigerungsformen in dein Heft und steigere dann das Gegenteil.*

Beispiel: schlau – schlauer – am schlausten
dumm, dümmer am dümmsten.

Aufgabe 4: *Verändere den Text, indem du die richtigen Adjektive einsetzt. Achte besonders auf die richtigen Endungen.*

a)= Steigerung b)= Gegenteil
Beispiel:
Meine Jeans ist **alt b) neu** und war viel **teuer a) teurer** als die letzte Hose.

Wir haben seit einer Woche eine alt b) __________ Klassenlehrerin. Sie hat kurz b)__________, blond___ Haare und dunkel b)__________ Augen. Sie ist viel jung a)__________ als Herr Berger. Sie ist aber auch streng a)__________. Obwohl sie eine sehr laut b) __________ Stimme hat, kann sie sich schlecht b) __________ durchsetzen. Selbst Ferrat, unser klein a)+b) _______________ Rabauke, ist plötzlich viel ruhig a) __________ geworden. Heute brachte sie uns alt b)__________ Lesebücher mit. Es sind ganz wenig b)__________, toll___ Geschichten darin. Am besten gefällt mir die Kurzgeschichte von dem geistig behindert___ Jungen, der ein groß b)__________ Mädchen aus dem eiskalt___ Teich gezogen hat.

Pronomen

Definition:

Pronomen (Fürwörter) können ein **Nomen** ersetzen
Es gibt sieben Arten von Pronomen.

Pronomen	Anwendung
Personalpronomen (persönliches Fürwort)	ich, du, er, sie, es, wir, ihr, sie
Possessivpronomen (besitzanzeigendes Fürwort)	mein, dein, sein, unser, euer, ihr
Demonstrativpronomen (hinweisendes Fürwort)	dieser, jener, diese, jene, dieses, jenes
Relativpronomen (bezügliches Fürwort)	der, die, das, welcher, welche, welches **Beispiele**: der Spieler, **der** gefoult hat. Das Kind, **welches** geweint hatte.
Reflexivpronomen (rückbezügliches Fürwort)	mich, dich, sich, uns, euch, sich **Beispiel**: ich wundere **mich**
Interrogativpronomen (Fragefürwort)	wer, was, welcher, warum, wieso, was für ein
Indefinitpronomen (unbestimmtes Fürwort)	alle, einer, etwas, jemand, manche, man, mehrere, nichts, niemand, viele, wenige

5 Pronomen

Aufgabe 1: *Lies den Text und unterstreiche alle Pronomen.*

Sandra im Supermarkt

Gestern fragte ihre Mutter, ob Sandra für sie in den Supermarkt gehen würde. Sandra wunderte sich, denn sonst ging ihre Mutter lieber selber.
Sie zog sich ihre Jacke an, nahm das Geld, das ihre Mutter ihr gab und fragte, welche Lebensmittel sie mitbringen solle. Mutter gab ihr die Einkaufsliste, die sie schon geschrieben hatte.

Im Supermarkt waren viele Kunden. Manche schlenderten nur so umher, mehrere suchten ganz gezielt nach Produkten und einer fragte die Verkäuferin, welche gerade neue Waren in die Regale räumte, wo er die Butter finden würde. Sandra wunderte sich, denn für sie war es klar, dass alle Molkereiprodukte in die Kühltheke gehörten. Sie stand gerade an der Käsetheke, als eine Frau sie ansprach: „Dieser Käse hier ist deutlich besser als jener, den sie bislang hier hatten. Findest du nicht auch? Mein Geschmack war das jedenfalls nie!" Sandra nickte ihr zu, obwohl ihre Familie immer den anderen Käse aß. Was für ein blöder Spruch, fand sie. An der Kasse legte sie ihre Waren auf das Band, welches sie langsam nach vorne zog. Sie bezahlte mit dem Geld, das ihre Mutter ihr gegeben hatte, packte ihren Einkauf in die Tasche, die sie mitgebracht hatte und ging gut gelaunt in die Straße, in der das Haus ihrer Familie steht.

Aufgabe 2: *Löse das Kreuzworträtsel.*

Waagerecht

2. nicht wenige sondern ...
3. nicht alle, aber ...
6. Frage nach dem Grund
7. Mehrzahl von er
8. Einzahl von wir
9. es ist nicht euer, sondern ...

Senkrecht

1. nicht dieser, sondern ...
4. keiner
5. ich ärgere ...
6. Frage nach einer Person
8. Mehrzahl von du

Aufgabe 3: *In diesem Text sind die Pronomen vertauscht worden. Füge sie richtig ein und schreibe den Text dann in dein Heft.*

Gestern war mich im Fußballstadion. Es waren sehr ihr Zuschauer dort. Wieso hatten einen Sitzplatz. Ich fragte unser, manche einige freiwillig standen. Niemand schien sich darüber zu ärgern. Ich Sportlehrer und dieser und sie saßen auf der Tribüne. Jener tranken in Ruhe viele Bier. Ach so: Das Spiel endete übrigens 0:0.

Pronomen

Aufgabe 1: *Lies den Text, unterstreiche alle Pronomen und bestimme sie.*

Benutze dabei folgende Abkürzungen:
Pers. = Personalpronomen – **Poss.** = Possessivpronomen – **Dem.** = Demonstrativpronomen – **Rel.** = Relativpronomen – **Refl.** = Reflexivpronomen – **Inter.** = Interrogativpronomen – **Indef.** = Indefinitpronomen.
Beispiel: Das ist **mein (Poss.)** Buch.

Sandra im Supermarkt

Gestern fragte ihre Mutter, ob Sandra für sie in den Supermarkt gehen würde. Sandra wunderte sich, denn sonst ging ihre Mutter lieber selber.
Sie zog sich ihre Jacke an, nahm das Geld, das ihre Mutter ihr gab und fragte, welche Lebensmittel sie mitbringen solle. Mutter gab ihr die Einkaufsliste, die sie schon geschrieben hatte.
Im Supermarkt waren viele Kunden. Manche schlenderten nur so umher, mehrere suchten ganz gezielt nach Produkten und einer fragte die Verkäuferin, welche gerade neue Waren in die Regale räumte, wo er die Butter finden würde. Sandra wunderte sich, denn für sie war es klar, dass alle Molkereiprodukte in die Kühltheke gehörten. Sie stand gerade an der Käsetheke, als eine Frau sie ansprach: „Dieser Käse hier ist deutlich besser als jener, den sie bislang hier hatten. Findest du nicht auch? Mein Geschmack war das jedenfalls nie!" Sandra nickte ihr zu, obwohl ihre Familie immer den anderen Käse aß. Was für ein blöder Spruch, fand sie. An der Kasse legte sie ihre Waren auf das Band, welches sie langsam nach vorne zog. Sie bezahlte mit dem Geld, das ihre Mutter ihr gegeben hatte, packte ihren Einkauf in die Tasche, die sie mitgebracht hatte und ging gut gelaunt in die Straße, in der das Haus ihrer Familie steht.

Aufgabe 2: *Löse das Kreuzworträtsel.*

Waagerecht

3. ich ärgere ...
5. keiner
8. Mehrzahl von du
9. nicht dieser sondern ...
10. Frage nach einer Person

Senkrecht

1. Einzahl von wir
2. Frage nach dem Grund
3. nicht alle, aber ...
4. es ist nicht euer sondern ...
6. nicht wenige sondern ...
7. Mehrzahl von er

Aufgabe 3: *Füge die Lösungen aus Aufgabe 2 passend in diesen Text ein.*

Gestern war __________ im Fußballstadion. Es waren sehr __________ Zuschauer dort. __________ hatten einen Sitzplatz. Ich fragte __________, __________ einige freiwillig standen. Niemand schien sich darüber zu ärgern. __________Sportlehrer und dieser und __________ saßen auf der Tribüne. __________ tranken in Ruhe __________ Bier.
Ach so: Das Spiel endete übrigens 0:0.

5 Pronomen

Aufgabe 1: *Lies den Text, setze in die Lücken passende Pronomen und bestimme sie.*

Benutze dabei folgende Abkürzungen:
Pers. = Personalpronomen – **Poss.**= Possessivpronomen – **Dem.** = Demonstrativpronomen – **Rel.** = Relativpronomen – **Refl.** = Reflexivpronomen – **Inter.** = Interrogativpronomen – **Indef.** = Indefinitpronomen.
Beispiel: Das ist __________ Buch. Das ist **mein (Poss.)** Buch.

Sandra im Supermarkt

Gestern fragte __________ Mutter, ob Sandra für __________ in den Supermarkt gehen würde. Sandra wunderte __________, denn sonst ging __________ Mutter lieber selber.

Sie zog __________ __________ Jacke an, nahm das Geld, __________ __________ Mutter __________ gab und fragte, __________ Lebensmittel __________ mitbringen solle. Mutter gab __________ die Einkaufsliste, __________ __________ schon geschrieben hatte.

Im Supermarkt waren viele Kunden. __________ schlenderten nur so umher, __________ suchten ganz gezielt nach Produkten und __________ fragte die Verkäuferin, __________ gerade neue Waren in die Regale räumte, wo __________ die Butter finden würde. Sandra wunderte __________, denn für __________ war es klar, dass __________ Molkereiprodukte in die Kühltheke gehörten. __________ stand gerade an der Käsetheke, als __________ Frau __________ ansprach: „__________ Käse hier ist deutlich besser als __________, den __________ bislang hier hatten. Findest __________ nicht auch? __________ Geschmack war das jedenfalls nie!“ Sandra nickte __________ zu, obwohl __________ Familie immer den anderen Käse aß. __________ blöder Spruch, fand __________ .

5 Pronomen

An der Kasse legte ______________________ ______________________ Waren auf das Band, ______________________ sie langsam nach vorne zog. ______________________ bezahlte mit dem Geld, ______________________ ______________________ Mutter ______________________ gegeben hatte, packte ______________________ Einkauf in die Tasche, ______________________ ______________________ mitgebracht hatte und ging gut gelaunt in die Straße, in ______________________ das Haus ______________________ Familie steht.

Aufgabe 2: *Löse das Kreuzworträtsel.*

Waagerecht

1. Einzahl von wir
2. ich ärgere ...
5. keiner
6. nicht wenige sondern ...
7. Frage nach einer Person
8. Mehrzahl von er

Senkrecht

1. Mehrzahl von du
2. nicht alle, aber ...
3. es ist nicht euer sondern ...
4. nicht dieser sondern ...
7. Frage nach dem Grund

Aufgabe 3: *Schreibe eine kurze Geschichte in dein Heft, in dem die Pronomen aus dem Kreuzworträtsel alle vorkommen. Folgende Textbausteine können dir helfen:*

Gestern | im Fußballstadion | Zuschauer

Sportlehrer | freiwillig stehen | Sitzplatz

Tribüne | tranken Bier | 0:0

Präpositionen

Definition:

Präpositionen (Verhältniswörter, Vorwörter) stellen eine Beziehung zwischen Wörtern her. Diese Beziehungen können **lokal** (örtlich), **temporal** (zeitlich) oder **modal** (Art und Weise) sein. Alle Präpositionen ziehen einen Fall nach sich. Die meisten Präpositionen verlangen den **Dativ** oder den **Akkusativ.** Einige Präpositionen können sowohl mit dem Dativ als auch mit dem Akkusativ einhergehen.

Fall	lokale Präpositionen	temporale Präpositionen	modale Präpositionen
Genitiv		während	trotz, wegen, anstatt, statt, einschließlich, ausschließlich
Dativ	aus, bei, gegenüber, nach, von, zu	ab, an (am), bei, in, nach, seit, von, vor	mit, gegenüber
Akkusativ	entlang, durch, über	bis, um	
Dativ oder Akkusativ	an, auf, hinter, in, neben, über, unter, vor, zwischen		

6

Präpositionen

<u>Aufgabe 1</u>: *Füge die Präpositionen so ein, dass richtige Sätze entstehen.*

an – auf
hinter – in – neben
über – unter – vor
zwischen

Dativ	Akkusativ
Ich sitze ______________ Stuhl.	Ich setze mich ______________ Stuhl.
Die Aufgabe steht ______________ Tafel.	Der Lehrer schreibt die Aufgabe ______________ Tafel.
Mia steht ______________ Stuhl von Celina.	Mia stellt sich ______________ Stuhl von Celina.
Die Katze liegt ______________ Körbchen.	Die Katze legt sich ______________ Körbchen.
Das Heft liegt ______________ Buch.	Melanie legt das Heft ______________s Buch.
Die Box hängt ______________ Fernseher.	Er hängt die Box ______________ Fernseher.
Der Hund liegt ______________ Tisch.	Der Hund legt sich ______________ Tisch.
Das Fahrrad steht ______________ Garage.	Philipp stellt das Fahrrad ______________ Garage.
Der Ball liegt ______________ Büschen.	Er schoss den Ball ______________ Büsche.

6 Präpositionen

Aufgabe 2: *Setze die Worte aus den Klammern richtig ein.*

Die neue Spielekonsole

„Was ist denn in ________________ (das große Paket)?“, fragt Tim seinen Bruder Tom, der heute Geburtstag hat. Zusammen holen sie einen Karton aus ________________ (das Geschenkpapier). In ________________ (der Karton) ist eine neue Spielekonsole mit ________________ (ein Weltraumspiel). Tom liest vor: „ACROSS THE UNIVERSE 2037 – das Weltraumabenteuer für ________________ (Unerschrockener). Story: Nach ________________ (der Start) von ________________ (die Raketenbasis) werden Sie während ________________ (der ganze Flug) schlafen. Kurz vor ________________ (die Ankunft) auf ________________ (der fremde Planet) wachen Sie auf. Ab ________________ (dieser Zeitpunkt) haben Sie innerhalb ________________ (kürzeste Zeit) viele Aufgaben zu erledigen, einschließlich ________________ (ein Kampf) gegen die Verteidiger des Planeten. Von ________________ (das Mutterschiff) aus fliegen Sie auf ________________ (ein Space-Rider) wegen der geringen Schwerkraft sehr schnell um ________________ (der fremde Planet). Dabei stehen Sie unter ________________ (großer Zeitdruck), denn innerhalb ________________ (zwei Lichtjahre) seit ________________ (Ihr Start) müssen Sie auf ________________ (Ihr Heimatplanet) landen, weil sie sonst Ihr Leben verlieren. Die beiden Brüder schließen die Spielekonsole sofort an ________________ (der Fernseher) an und während ________________ (die nächsten Stunden) geht es ab in ________________ (der Weltraum).

Präpositionen !

Aufgabe 1: *Dativ oder Akkusativ? Oder beides? Füge die Präpositionen so ein, dass richtige Sätze entstehen.*

Präpos.	Handlung	Dativ	Akkusativ
an	schreiben, Freundin		**an die Freundin schreiben**
auf	liegen, Bett		
hinter	warten, Absperrung		
in	schreiben, Heft.		
neben	stellen, Flaschen		
über	reden, Nachbarn		
unter	schlafen, Brücke		
vor	stellen, Tor		
zwischen	sitzen, Stühle		

Aufgabe 2: *Setze diese Textbausteine an der richtigen Stelle in den Text ein. Achte dabei auf den korrekten Fall.*

> das Geschenkpapier, das große Paket, das Mutterschiff, der Fernseher, der fremde Planet, der fremde Planet, der ganze Flug, der Start, der Weltraum, die Ankunft, die nächsten Stunden, die Raketenbasis, dieser Zeitpunkt, ein Kampf, ein Space-Rider, ein Weltraumspiel, großer Zeitdruck, Ihr Heimatplanet, Ihr Start, kürzeste Zeit, Unerschrockener, zwei Lichtjahre

Die neue Spielekonsole

„Was ist denn in ________________?", fragt Tim seinen Bruder Tom, der heute Geburtstag hat. Zusammen holen sie einen Karton aus ________________. In ________________ ist eine neue Spielekonsole mit ________________. Tom liest vor: „„ACROSS THE UNIVERSE 2037 – das Weltraumabenteuer für Unerschrockene.

Story: Nach ________________ von ________________ werden Sie während ________________ schlafen. Kurz vor ________________ auf ________________ wachen Sie auf. Ab ________________ haben Sie innerhalb ________________ viele Aufgaben zu erledigen, einschließlich ________________ gegen die Verteidiger des Planeten. Von ________________ aus fliegen Sie auf ________________ wegen der geringen Schwerkraft sehr schnell um ________________. Dabei stehen Sie unter ________________, denn innerhalb ________________ seit ________________ müssen Sie auf ________________ landen, weil sie sonst Ihr Leben verlieren." Die beiden Brüder schließen die Spielekonsole sofort an ________________ an und während ________________ geht es ab in ________________.

Präpositionen

Aufgabe 1: *Füge die Präpositionen so ein, dass richtige Sätze entstehen. Benutze unter anderem folgende Verben und Nomen:*

hängen – legen
liegen – schießen
schreiben – setzen
sitzen – stehen
stellen

an – auf
hinter – in – neben
über – unter – vor
zwischen

Aufgabe – Ball – Box
Buch – Büsche
Celina – Fahrrad
Fernseher
Garage – Heft –
Hund ich – Katze
Körbchen – Stuhl –
Tafel – Tisch

Dativ	Akkusativ
Die Box hängt über dem Fernseher.	Er hängt die Box über den Fernseher.

6 Präpositionen

Aufgabe 2: *Schreibe diese rückwärts geschriebenen Textbausteine in dein Heft.*

erhajthciL iewz ,renekcorhcsrenU ,tieZ etsezrük ,tratS rhI ,tenalptamieH rhI
,kcurdtieZ reßorg ,leipsmuartleW nie ,rediR-ecapS nie ,fpmaK nie ,tknup-
tieZ reseid ,sisabnetekaR eid ,nednutS netshcän eid ,tfnuknA eid ,muart-
leW red ,tratS red ,gulF eznag red ,tenalP edmerf red ,tenalP edmerf red
,rehesnreF red ,ffihcsrettuM sad ,tekaP eßorg sad ,reipapknehcseG sad

Aufgabe 3: *Setze diese Textbausteine jetzt an der richtigen Stelle in den Text ein. Achte dabei auf den korrekten Fall.*

Die neue Spielekonsole

„Was ist denn in ____________________________?“, fragt Tim seinen Bruder Tom, der heute Geburtstag hat. Zusammen holen sie einen Karton aus ____________________________. In ____________________________ ist eine neue Spielekonsole mit ____________________________. Tom liest vor:

„ACROSS THE UNIVERSE 2037 – das Weltraumabenteuer für Unerschrockene.
Story: Nach ____________________________ von ____________________ werden Sie während ______________________ schlafen. Kurz vor ________________ auf ________________ wachen Sie auf. Ab ______________ haben Sie innerhalb ____________________________ viele Aufgaben zu erledigen, einschließlich ____________________________ gegen die Verteidiger des Planeten. Von ____________________________ aus fliegen Sie auf ______________________ wegen der geringen Schwerkraft sehr schnell um ________________________. Dabei stehen Sie unter ______________________, denn innerhalb ____________________ seit ____________________ müssen Sie auf ______________________ landen, weil sie sonst Ihr Leben verlieren.“

Die beiden Brüder schließen die Spielekonsole sofort an ____________________ an und während ____________________ geht es ab in ____________________.

Adverbien

Definition:

Adverbien (Umstandswörter) beschreiben die **Umstände**, unter denen etwas geschieht. Ein Adverb kann man nicht deklinieren.

Es gibt vier Arten von Adverbien:

Adverb	Fragewort	Beispiele
kausales Adverb	warum?	aus diesem Grund, deshalb, denn, trotzdem
lokales Adverb	wo?	außen, dort, hinten, innen, rechts, links, vorne
modales Adverb	wie?	fast, gut, gern, schlecht, sehr, oft, vielleicht
temporales Adverb	wann?	bald, früh, gestern, heute, jetzt, oft, sofort

7 Adverbien

Aufgabe 1: *Setze diese Adverbien passend in den Text ein.*

aus diesem Grund – bald – denn – deshalb – dort – fast – früh – früh – gestern
innen – links – oft – oft – rechts – sehr – sofort – sofort – trotzdem – vielleicht

Rechts oder links?

Manuela hat schon ______________________ davon geträumt, ein Mofa zu besitzen. ____________________ hat sie schon ____________________ angefangen, ____________________ ihr ganzes Taschengeld zu sparen. Und ____________________ hatte Manuela großes Glück: Sie wurde in die Mofa-AG der Schule aufgenommen. Sie freute sich ____________________, ________________ sie kann ____________________ den Mofaführerschein machen. _______________ besteht sie ja die Theorie-Prüfung ____________ und wird dann ______________________ zur praktischen Ausbildung zugelassen. _________________ hat Manuela auch Bedenken: ___________________ kann sie nämlich _______________ und _________________ nicht unterscheiden. _____________________________ hat sie sich mit Zustimmung ihrer Eltern schon _____________ am linken Ohr einen zweiten Ohrring anbringen lassen. Und zwar ________________. Wenn sie jetzt im Zweifel ist, fasst sie sich an die Ohren und das Problem ist ____________________ gelöst.

Aufgabe 2: *Fülle das Kreuzworträtsel mit den Adverbien, die Antwort auf die gestellten Fragen geben können.*

Waagerecht	Senkrecht
2. wann?	**1.** wo?
5. wann?	**3.** wo?
8. wie?	**4.** warum?
9. wann?	**6.** wo?
10. wie?	**7.** wann?
11. wo?	**10.** wie?
13. wo?	**12.** wann?

Adverbien

Aufgabe 1: *Setze passende Adverbien in den Text ein. Finde entweder eigene oder benutze einige aus dieser Vorschlagsliste.*

aus diesem Grund – außen – bald – denn – deshalb – dort – fast – früh – früh – gestern – heute hinten – innen – links – oft – rechts – sehr – sofort – sofort – trotzdem – vielleicht – vorne

Rechts oder links?

Manuela hat schon ______________ davon geträumt, ein Mofa zu besitzen. ______________ hat sie schon ______________ angefangen, ______________ ihr ganzes Taschengeld zu sparen. Und ______________ hatte Manuela großes Glück: Sie wurde in die Mofa-AG der Schule aufgenommen. Sie freute sich ______________, ______________ sie kann ______________ den Mofaführerschein machen. ______________ besteht sie ja die Theorie-Prüfung ______________ und wird dann ______________ zur praktischen Ausbildung zugelassen. ______________ hat Manuela auch Bedenken: ______________ kann sie nämlich ______________ und ______________ nicht unterscheiden. ______________ hat sie sich mit Zustimmung ihrer Eltern schon ______________ am linken Ohr einen zweiten Ohrring anbringen lassen. Und zwar ______________. Wenn sie jetzt im Zweifel ist, fasst sie sich an die Ohren und das Problem ist ______________ gelöst.

Aufgabe 2: *Fülle das Kreuzworträtsel mit den Adverbien, die Antwort auf die gestellten Fragen geben können.*

Waagerecht	Senkrecht
3. wo?	**1.** warum?
4. wo?	**2.** wann?
5. wie?	**3.** warum?
9. wann?	**5.** wann?
10. wie?	**6.** wann?
12. wann?	**7.** wo?
14. wo?	**8.** wo?
15. wie?	**11.** wie?
16. wo?	**13.** wie?
17. wie?	
18. wann?	

Lernen mit Erfolg KOHL VERLAG Die Wortarten – Bestell-Nr. 12 091

7 Adverbien

Aufgabe 1: *Finde passende Adverbien und setze sie in den Text ein.*

Rechts oder links?

Manuela hat schon ______________ davon geträumt, ein Mofa zu besitzen. ______________ hat sie schon ______________ angefangen, ______________ ihr ganzes Taschengeld zu sparen. Und ______________ hatte Manuela großes Glück: Sie wurde in die Mofa-AG der Schule aufgenommen. Sie freute sich ______________, ______________ sie kann ______________ den Mofaführerschein machen. ______________ besteht sie ja die Theorie-Prüfung ______________ und wird dann ______________ zur praktischen Ausbildung zugelassen. ______________ hat Manuela auch Bedenken: ______________ kann sie nämlich ______________ und ______________ nicht unterscheiden. ______________ hat sie sich mit Zustimmung ihrer Eltern schon ______________ am linken Ohr einen zweiten Ohrring anbringen lassen. Und zwar ______________. Wenn sie jetzt im Zweifel ist, fasst sie sich an die Ohren und das Problem ist ______________ gelöst.

Aufgabe 2: *Fülle das Kreuzworträtsel mit den Adverbien, die Antwort auf die gestellten Fragen geben können.*

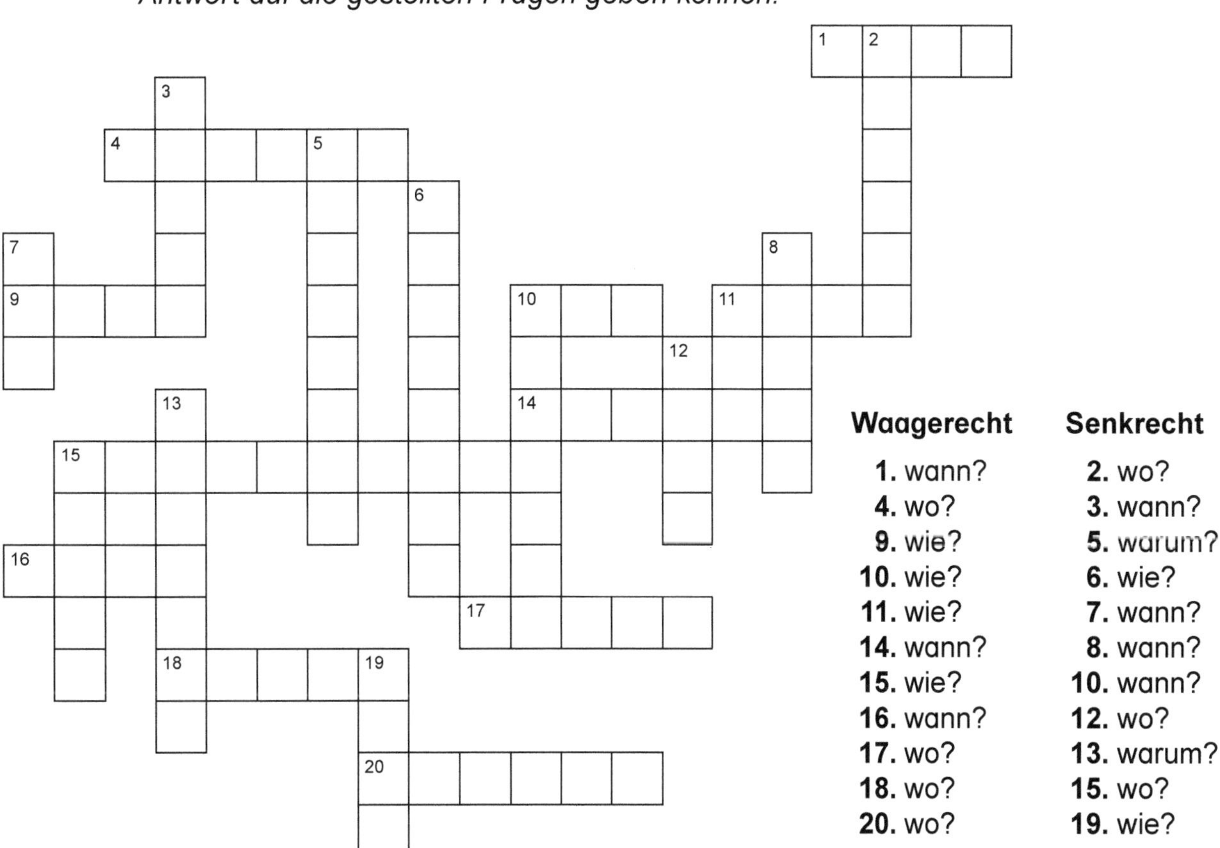

Waagerecht	**Senkrecht**
1. wann?	**2.** wo?
4. wo?	**3.** wann?
9. wie?	**5.** warum?
10. wie?	**6.** wie?
11. wie?	**7.** wann?
14. wann?	**8.** wann?
15. wie?	**10.** wann?
16. wann?	**12.** wo?
17. wo?	**13.** warum?
18. wo?	**15.** wo?
20. wo?	**19.** wie?

Präposition oder Adverb?

Adverbien und **Präpositionen** können ähnliche Aufgaben übernehmen. Beide sind Hinweise auf Zeit, Ort, Grund und Art und Weise.

Adverbien können Satzglieder oder Attribute sein. Sie sind ein **Ersatz** für das Bezugswort.

Präpositionen hingegen können keine eigenen Satzglieder sein. Sie stehen immer bei ihrem Bezugswort.

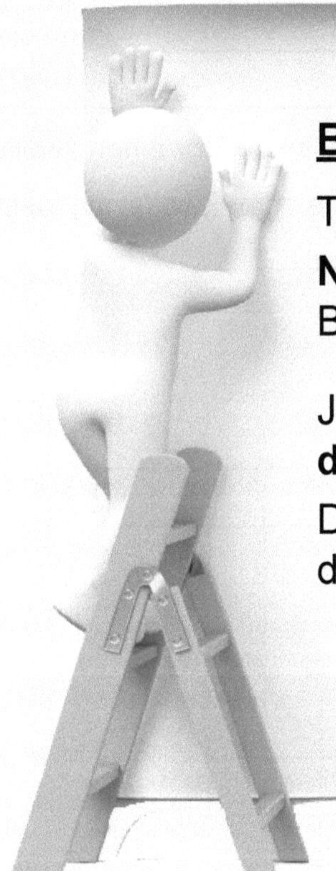

Beispiele:

Tom sitzt **neben** Juri.

Neben ist hier eine Präposition. Das Bezugswort ist Juri.

Juri sitzt in der ersten Reihe. Tom sitzt **daneben**.

Daneben ist hier ein Adverb. Es ersetzt das Bezugswort Juri.

Präposition oder Adverb?

Aufgabe 1: *Handelt es sich bei den fettgedruckten Wörtern um Adverbien oder Präpositionen? Entscheide durch Ankreuzen (x)*

Satz	Adv.	Präp.
Passt bitte auf die Zeichensetzung **auf**!	❑	❑
Er streckte schon seine Fühler **danach** aus.	❑	❑
Der Polizist handelte den Umständen **entsprechend** richtig.	❑	❑
Der arme Hund zitterte **vor** Angst.	❑	❑
Die Katze jagt schon seit zwei Stunden hinter der Maus **her**.	❑	❑
Sie sitzt gleich **vorn** in der ersten Reihe.	❑	❑
Steffi verhält sich Marcel **gegenüber** sehr schüchtern.	❑	❑

Aufgabe 2: *Setze passend ein.*

bald – drinnen – entlang – gegenüber – hinten
in (5x) – nie – sofort – über – unter – vorne

Im Kaufhaus

Nursen und Saskia sind ________________ (Präposition) einem großen Kaufhaus. Nursen war noch ________________ (Adverb) ________________ (Präposition) so einem großen Kaufhaus und ist entsprechend aufgeregt. „Guck mal, da ________________ (Adverb) sind die Handys“, ruft sie und stürmt ________________ (Adverb) los. ________________ (Präposition) dem Regal ________________ (Präposition) entdecken sie die Musik-CDs. Dann schlendern sie einen Gang ________________ (Präposition) zum Restaurant. Obwohl es hier ________________ (Adverb) sehr voll ist, finden sie ________________ (Adverb) ________________ (Präposition) einer Ecke noch zwei Plätze. Sie wählen ______________ (Präposition) den vielen Getränken eine Cola aus und sind ______________ (Adverb) ______________ (Präposition) ein tiefes Gespräch ________________ (Präposition) Mode, Jungs und Musik versunken.

Präposition oder Adverb?

Aufgabe 1: *Füge bitte die angekreuzte Wortart in den Text ein.*

Satz	Adv.	Präp.
Passt bitte ______________ die Zeichensetzung auf!	☐	☒
Er streckte schon seine Fühler ______________ aus.	☒	☐
Der Polizist handelte den Umständen ______________ richtig.	☐	☒
Der arme Hund zitterte ______________ Angst.	☐	☒
Die Katze jagt schon seit zwei Stunden hinter der Maus ______________.	☒	☐
Sie sitzt gleich ______________ in der ersten Reihe.	☒	☐
Steffi verhält sich Marcel ______________ sehr schüchtern.	☐	☒

Aufgabe 2: *Setze passend ein.*

bald – drinnen – entlang – gegenüber – hinten
in (5x) – nie – sofort – über – unter – vorne

Im Kaufhaus

Nursen und Saskia sind ______________ einem großen Kaufhaus. Nursen war noch ______________ ______________ so einem großen Kaufhaus und ist entsprechend aufgeregt. „Guck mal, da ______________ sind die Handys", ruft sie und stürmt ______________ los. ______________ dem Regal ______________ entdecken sie die Musik-CDs. Dann schlendern sie einen Gang ______________ zum Restaurant. Obwohl es hier ______________ sehr voll ist, finden sie ______________ ______________ einer Ecke noch zwei Plätze. Sie wählen ______________ den vielen Getränken eine Cola aus und sind ______________ ______________ ein tiefes Gespräch ______________ Mode, Jungs und Musik versunken.

KOHL VERLAG Lernen mit Erfolg Die Wortarten – Bestell-Nr. 12 091

8 Präposition oder Adverb?

Aufgabe 1: *Füge bitte die richtigen Wortarten in den Text ein. Entscheide durch Ankreuzen (x), ob es sich dabei um Adverbien oder Präpositionen handelt.*

Satz	Adv.	Präp.
Passt bitte ______________ die Zeichensetzung auf!	❐	❐
Er streckte schon seine Fühler ______________ aus.	❐	❐
Der Polizist handelte den Umständen ______________ richtig.	❐	❐
Der arme Hund zitterte ______________ Angst.	❐	❐
Die Katze jagt schon seit zwei Stunden hinter der Maus ___________.	❐	❐
Sie sitzt gleich ______________ in der ersten Reihe.	❐	❐
Steffi verhält sich Marcel ______________ sehr schüchtern.	❐	❐

Aufgabe 2: *Setze passend ein.*

Im Kaufhaus

Nursen und Saskia sind ______________ einem großen Kaufhaus. Nursen war noch______________ ______________ so einem großen Kaufhaus und ist entsprechend aufgeregt. „Guck mal, da ______________ sind die Handys", ruft sie und stürmt ______________ los. ______________ dem Regal ______________ entdecken sie die Musik-CDs. Dann schlendern sie einen Gang ______________ zum Restaurant. Obwohl es hier ______________ sehr voll ist, finden sie ______________ ______________ einer Ecke noch zwei Plätze. Sie wählen ____________ den vielen Getränken eine Cola aus und sind ____________ ____________ ein tiefes Gespräch ______________ Mode, Jungs und Musik versunken.

Konjunktionen

Definition:

Die **Konjunktion** (Bindewort, Fügewort) verbindet Wörter oder ganze Sätze miteinander.
Es gibt nebenordnende Konjunktionen und unterordnende Konjunktionen.

Zudem unterscheidet man noch zwischen **eingliedrigen** Konjunktionen
(z.B.: aber, als, denn, obwohl, oder, und, während, weil, zwar)
und **mehrgliedrigen** Konjunktionen
(z.B.: entweder – oder, sowohl – als auch, teils – teils, weder – noch, zwar – aber)

Konjunktion	Beispiele
nebenordnende Konjunktionen verbinden Satzglieder oder gleichwertige Sätze (z.B. Hauptsätze) miteinander	aber, denn, entweder – oder, oder, und sondern, sowie, sowohl – als auch, weder – noch
unterordnende Konjunktionen verbinden Haupt- und Nebensätze miteinander.	damit, dass, doch, falls, ob, obgleich, obwohl, indem, nachdem, weil, wenn

9 Konjunktionen

Aufgabe 1: *In diesem Suchsel sind 17 Konjunktionen versteckt. Finde und markiere sie.*

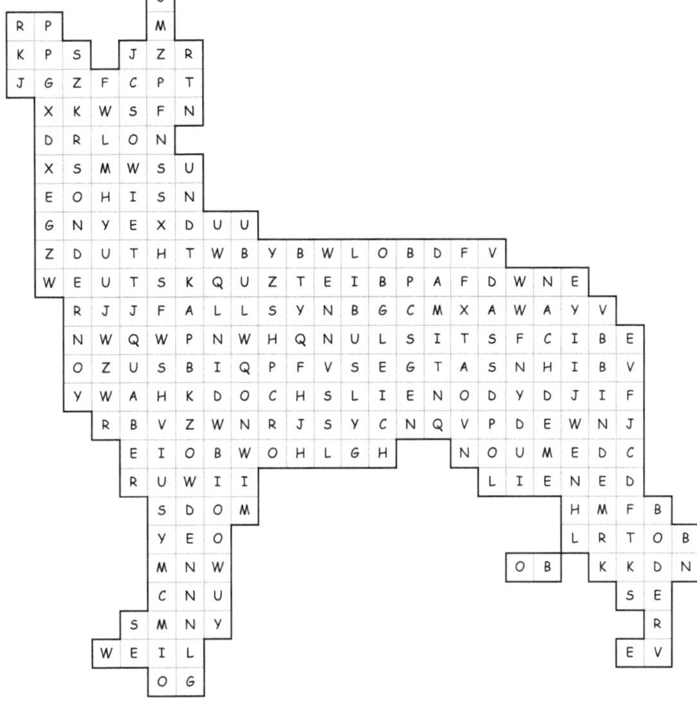

Aufgabe 2: *Schreibe die gefundenen Konjunktionen alphabethisch sortiert in dein Heft.*

Aufgabe 3: *Füge folgende Konjunktionen sinnvoll in die Lücken ein.*

denn, dennoch (2x), nachdem, obgleich, obwohl, sowohl – als auch, weder – noch, weil

Das Sportfest

Das Sportfest unseres Vereins war ein Erfolg, ______________ es regnete. Viele Athleten nahmen ______________ teil, ______________ es ______________ ein Zelt ______________ einen Unterstand für sie gab.

______________ der Regen aufgehört hatte, gab es ______________ herausragende Leistungen.

______________ die Springer ______________ die Werfer stellte Stadionrekorde auf.

Zum Abschluss gab es ein Konzert unserer Schulband. Die Musiker standen unter einem Pavillon, ______________ es regnete. Doch das trübte die Stimmung nicht, ______________ im Stadion wurde ausgelassen gefeiert.

Konjunktionen

Aufgabe 1: *In diesem Suchsel sind 17 Konjunktionen versteckt. Finde und markiere sie.*

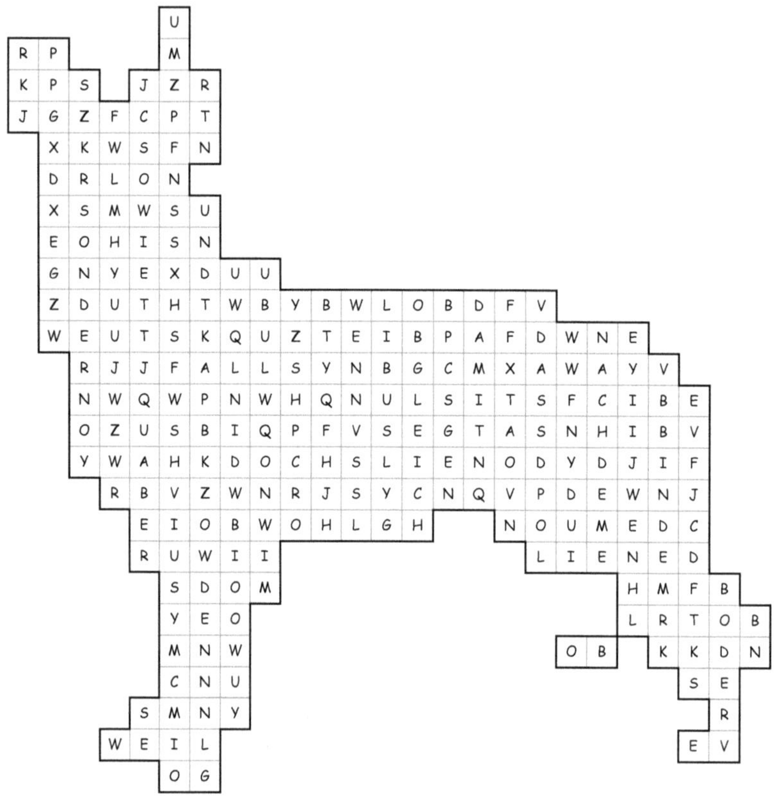

Aufgabe 2: *Füge passende Konjunktionen sinnvoll in die Lücken ein.*

Das Sportfest

Das Sportfest unseres Vereins war ein Erfolg, ______________ es regnete. Viele Athleten nahmen ______________ teil, ______________ es ______________ ein Zelt ______________ einen Unterstand für sie gab. ______________ der Regen aufgehört hatte, gab es ______________ herausragende Leistungen.

______________ die Springer ______________ die Werfer stellte Stadionrekorde auf.

Zum Abschluss gab es ein Konzert unserer Schulband. Die Musiker standen unter einem Pavillon, ______________ es regnete. Doch das trübte die Stimmung nicht, ______________ im Stadion wurde ausgelassen gefeiert.

9 Konjunktionen

Aufgabe 1: *In diesem Suchsel sind 17 Konjunktionen versteckt. Finde und markiere sie.*

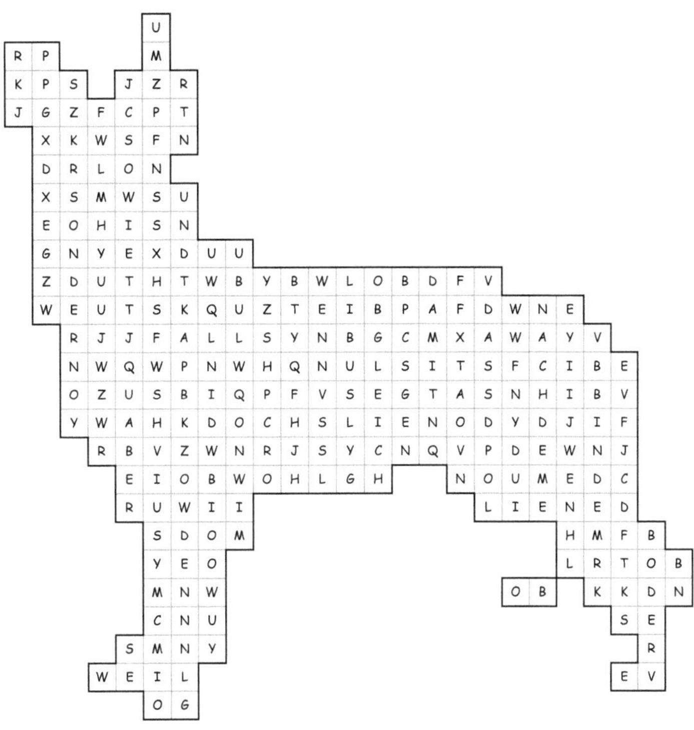

Aufgabe 2: *Schreibe einen Text zum Thema „Sportfest", in dem folgende Konjunktionen vorkommen:*

denn, dennoch, nachdem, obgleich, obwohl, sowohl – als auch, weder – noch, weil

Benutze auch die Rückseite →

Die Lösungen

Seite 7 **Aufgabe 1:** ⊙

Nomen	m	w	s	Artikel
Nagel	✗			der / ein Nagel
Redner	✗			der / ein Redner
Mutterschaft		✗		die / eine Mutterschaft
Spielchen			✗	das / ein Spielchen
Südosten	✗			der Südosten
Taschenrechner	✗			der / ein Taschenrechner
Hass	✗			der / ein Hass
Hoffnungslosigkeit		✗		die / eine Hoffnungslosigkeit
Azoren		✗		die Azoren
Nebenkosten		✗		die Nebenkosten
Treue		✗		die / eine Treue

Seite 7 **Aufgabe 2:** ⊙

Armbanduhr, Briefkasten, Eisbahn, Geburtstagsgeschenk, Geschenkpapier, Handschuh, Pudelmütze, Regenmantel, Schneeball, Schneesturm, Skianzug, Sprungbrett, Stadtpark, Stoppschild, Stoppuhr, Vogelhaus.

Seite 7 **Aufgabe 3:** ⊙

Seite 7 **Aufgabe 4:** ⊙

individuelle Lösung, z.B.:
die/eine Traurigkeit, das/ein Häschen, das/ein Kindlein, die/eine Buchung, die/eine Frechheit, die/eine Nase, die/eine Mannschat, der/ein Hagel, der /ein Orkan.

Seite 8 **Aufgabe 1:** !

Nomen	m	w	s	Singular	Plural
Nagel	✗			der / ein Nagel	die Nägel
Redner	✗			der / ein Redner	die Redner
Mutterschaft		✗		die / eine Mutterschaft	die Mutterschaften
Spielchen			✗	das / ein Spielchen	die Spielchen
Südosten	✗			der Südosten	
Taschenrechner	✗			der / ein Taschenrechner	die Taschenrechner
Hass	✗			der / ein Hass	
Hoffnungslosigkeit		✗		die / eine Hoffnungslosigkeit	
Azoren		✗			die Azoren
Nebenkosten		✗			die Nebenkosten
Treue		✗		die / eine Treue	

Seite 8 **Aufgabe 2:** !

individuelle Lösung, z.B.:
die Armbanduhr, der Briefkasten, die Eisbahn, das Geburtstagsgeschenk, das Geschenkpapier, der Handschuh, die Pudelmütze, der Regenmantel, der Schneeball, der Schneesturm, der Skianzug, das Sprungbrett, der Stadtpark, das Stoppschild, die Stoppuhr, das Vogelhaus.

Seite 8 **Aufgabe 3:** !

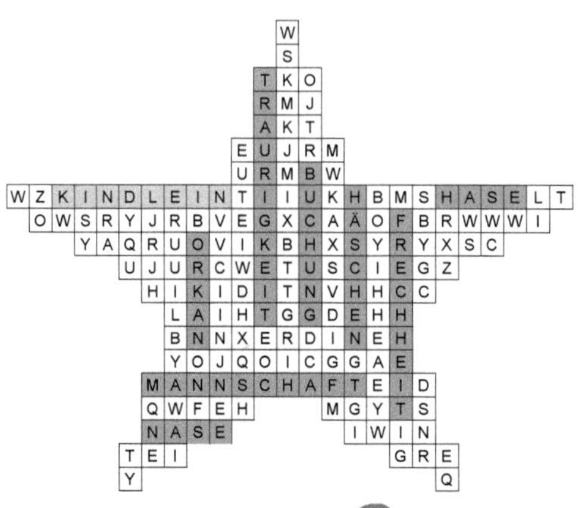

Die Lösungen

2 **Seite 8 Aufgabe 4:** !

Individuelle Lösung, z.B.:
In der Kabine herrschte große **Traurigkeit**. **Die/eine Mannschaft** hatte das Spiel verloren. **Das/ein Häschen** hoppelte über die Wiese. Am Himmel braute sich **ein Orkan** zusammen.
Heftiger **Hagel** prasselte auf die Erde. Das Kindlein bohrte mit dem Finger in seiner **Nase**. **Die/eine Buchung** für das Konzert ging nur über das Internet. Norbert fand, dass das **eine Frechheit** sei.

Seite 9 Aufgabe 1: ✶

Nomen	m	w	s	Regel	Singular	Plural
Herrlichkeit		X		Endsilbe -keit	die/eine Herrlichkeit	die Herrlichkeiten
Brötchen			X	Endsilbe -chen	das/ ein Brötchen	die Brötchen
Sturm	X			Wetter	der/ein Sturm	die Stürme
Nagel	X				der/ein Nagel	die Nägel
Redner	X			Verb-Endsilbe -er	der/ein Redner	die Redner
Mutterschaft		X		Endsilbe -schaft	die/eine Mutterschaft	die Mutterschaften
Spielchen			X	Endsilbe -chen	das/ein Spielchen	die Spielchen
Südosten	X			Himmelsrichtung	der Südosten	
Taschenrechner	X			Verb-Endsilbe -er	der/ein Taschenrechner	die Taschenrechner
Hass	X				der/ein Hass	
Hoffnungslosigkeit		X		Endsilbe -keit	die/eine Hoffnungslosigkeit	
Azoren		X				die Azoren
Nebenkosten		X		2. Wort: die Kosten		die Nebenkosten
Treue		X			die/eine Treue	

Seite 9 Aufgabe 2: ✶

Individuelle Lösung, z.B.:
Die/eine Armbanduhr, der/ein Briefkasten, die/eine Eisbahn, das/ein Geburtstagsgeschenk, das/ein Geschenkpapier, der/ein Handschuh, die/eine Pudelmütze,
der/ein Regenmantel, der/ein Schneeball, der/ein Schneesturm, der/ein Skianzug,
das/ein Sprungbrett, der/ein Stadtpark, das/ein Stoppschild, die/eine Stoppuhr,
das/ein Vogelhaus.

Seite 9 Aufgabe 3: 

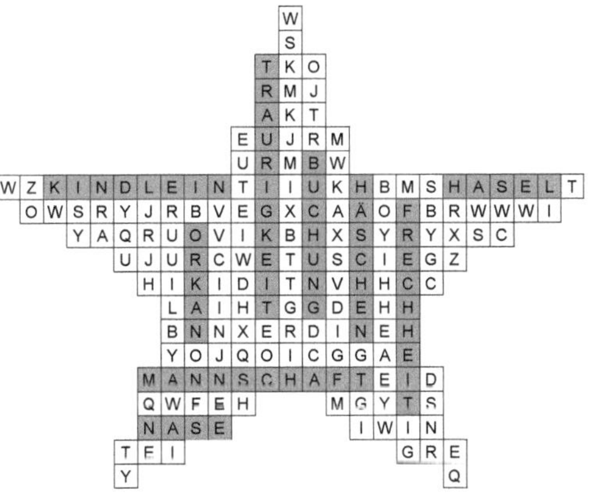

Seite 9 Aufgabe 4: 

Individuelle Lösung, z.B.:
In der Kabine herrschte große **Traurigkeit**. **Die/eine Mannschaft** hatte das Spiel verloren. **Das/ein Häschen** hoppelte über die Wiese. Am Himmel braute sich **ein Orkan** zusammen.
Heftiger **Hagel** prasselte auf die Erde. Das Kindlein bohrte mit dem Finger in seiner **Nase**. **Die/eine Buchung** für das Konzert ging nur über das Internet. Norbert fand, dass das **eine Frechheit** sei.

3 **Seite 14 Aufgabe 1:** ⊙

Fahrt in den Urlaub

Familie Gruber hat eine Ferienwohnung an der Ostsee gemietet. Da sie aber in Süddeutschland wohnt, hat sie eine sehr lange Anreise. Inga (13) und Jens (15) wurden schon um 3:20 Uhr geweckt. Inzwischen sitzen sie schon seit 9 Stunden im Auto. Ihre Eltern wechseln sich beim Fahren regelmäßig ab und machen deshalb kaum eine Pause. Inga spielt auf ihrem Handy schon den 6. Level eines Spiels, bei dem sie mit einer Drohne Pakete ausliefern muss. Jens sitzt still in der Ecke und liest einen Action-Roman. Und da das Buch über 800 Seiten hat, sollte es auch noch für die Rückfahrt reichen.

Plötzlich bremst ihr Vater. Er hält vor einer Bäckerei und steigt aus. „Sind wir endlich da?", fragt Inga. Ihre Mutter schüttelt den Kopf. „ Wir haben noch 43 Kilometer vor uns. Aber Paps kauft eben ein paar Brötchen, damit ihr nicht verhungert." Gut gelaunt steigt Herr Gruber wieder ein. Es duftet herrlich nach frischen Brötchen. „So – Endspurt!", ruft er fröhlich und gibt Gas. Während die Kinder zufrieden kauen, spielt Frau Gruber das Navi und leitet ihren Mann direkt zu dem Ferienort. Doch dann weiß auch sie nicht mehr weiter. Am Ortseingang fragt sie einen Fußgänger nach der Adresse. Sie hat Glück, denn der Mann kann ihnen den Weg genau beschreiben. Sie müssen nur noch einmal links abbiegen und dann sind sie schon da. Endlich dürfen alle aussteigen und sich die Beine vertreten. „In den nächsten Tagen steige ich in kein Auto mehr!", seufzt Jens. Und seine Schwester ergänzt: „Ab jetzt wird nur noch gewandert."

Die Lösungen

3

Seite 15 Aufgabe 2:

	1. Person singular	2. Person singular	3. Person singular
Präsens	ich schreibe, ich tanze, ich brate, ich gewinne, ich rieche, ich nenne....	du schreibst, du tanzt, du brätst, du gewinnst, du riechst, du nennst	er, sie, es schreibt, er, sie, es tanzt, er, sie, es brät, er, sie, es gewinnt, er, sie, es riecht, er, sie, es nennt.
Präteritum	ich schrieb, ich tanzte, ich briet, ich gewann, ich roch, ich nannte	Du schriebst, du tanztest, du brietst, du gewannst, du rochst, du nanntest	er, sie, es schrieb, er, sie, es tanzte, er, sie, es briet, er, sie, es gewann, er, sie, es roch, er, sie, es nannte.
Perfekt	ich habe geschrieben, ich habe getanzt, ich habe gebraten, ich habe gewonnen, ich habe gerochen, ich habe genannt	du hast geschrieben, du hast getanzt, du hast gebraten, du hast gewonnen, du hast gerochen, du hast genannt	er, sie, es hat geschrieben, er, sie, es hat getanzt, er, sie, es hat gebraten, er, sie, es hat gewonnen, er, sie, es hat gerochen, er, sie, es hat genannt
Plusquamperfekt	ich hatte geschrieben, ich hatte getanzt, ich hatte gebraten, ich hatte gewonnen, ich hatte gerochen, ich hatte genannt	du hattest geschrieben, du hattest getanzt, du hattest gebraten, du hattest gewonnen, du hattest gerochen, du hattest genannt	er, sie, es hatte geschrieben, er, sie, es hatte getanzt, er, sie, es hatte gebraten, er, sie, es hatte gewonnen, er, sie, es hatte gerochen, er, sie, es hatte genannt

	1. Person plural	2. Person plural	3. Person plural
Präsens	wir schreiben, wir tanzen, wir braten, wir gewinnen, wir riechen, wir nennen	ihr schreibt, ihr tanzt, ihr bratet, ihr gewinnt, ihr riecht, ihr nennt, ihr schneidet, ihr schweigt, ihr wascht	sie schreiben, sie tanzen, sie braten, sie gewinnen, sie riechen, sie nennen, sie schneiden, sie schweigen, sie waschen
Präteritum	wir schrieben, wir tanzten, wir brieten, wir gewannen, wir rochen, wir nannten, wir schnitten, wir schwiegen, wir wuschen	ihr schriebt, ihr tanztet, ihr brietet, ihr gewannt, ihr rocht, ihr nanntet	sie schrieben, sie tanzten, sie brieten, sie gewannen, sie rochen, sie nannten
Perfekt	wir haben geschrieben, wir haben getanzt, wir haben gebraten, wir haben gewonnen, wir haben gerochen, wir haben genannt.	ihr habt geschrieben, ihr habt getanzt, ihr habt gebraten, ihr habt gewonnen, ihr habt gerochen, ihr habt genannt	sie haben geschrieben, sie haben getanzt, sie haben gebraten, sie haben gewonnen, sie haben gerochen, sie haben genannt
Plusquamperfekt	wir hatten geschrieben, wir hatten getanzt, wir hatten gebraten, wir hatten gewonnen, wir hatten gerochen, wir hatten genannt.	ihr hattet geschrieben, ihr hattet getanzt, ihr hattet gebraten, ihr hattet gewonnen, ihr hattet gerochen, ihr hattet genannt	sie hatten geschrieben, sie hatten getanzt, sie hatten gebraten, sie hatten gewonnen, sie hatten gerochen, sie hatten genannt

Seite 16 Aufgabe 1:

!

Fahrt in den Urlaub

Familie Gruber hat eine Ferienwohnung an der Ostsee gemietet. Da sie aber in Süddeutschland wohnt, hat sie eine sehr lange Anreise. Inga (13) und Jens (15) wurden schon um 3:20 Uhr geweckt. Inzwischen sitzen sie schon seit 9 Stunden im Auto. Ihre Eltern wechseln sich beim Fahren regelmäßig ab und machen deshalb kaum eine Pause. Inga spielt auf ihrem Handy schon den 6. Level eines Spiels, bei dem sie mit einer Drohne Pakete ausliefern muss. Jens sitzt still in der Ecke und liest einen Action-Roman. Und da das Buch über 800 Seiten hat, sollte es auch noch für die Rückfahrt reichen.

Plötzlich bremst ihr Vater. Er hält vor einer Bäckerei und steigt aus. „Sind wir endlich da?", fragt Inga. Ihre Mutter schüttelt den Kopf. „ Wir haben noch 43 Kilometer vor uns. Aber Paps kauft eben ein paar Brötchen, damit ihr nicht verhungert." Gut gelaunt steigt Herr Gruber wieder ein. Es duftet herrlich nach frischen Brötchen. „So – Endspurt!", ruft er fröhlich und gibt Gas. Während die Kinder zufrieden kauen, spielt Frau Gruber das Navi und leitet ihren Mann direkt zu dem Ferienort. Doch dann weiß auch sie nicht mehr weiter. Am Ortseingang fragt sie einen Fußgänger nach der Adresse. Sie hat Glück, denn der Mann kann ihnen den Weg genau beschreiben. Sie müssen nur noch einmal links abbiegen und dann sind sie schon da. Endlich dürfen alle aussteigen und sich die Beine vertreten. „In den nächsten Tagen steige ich in kein Auto mehr!", seufzt Jens. Und seine Schwester ergänzt: „Ab jetzt wird nur noch gewandert."

Seite 17 Aufgabe 2:

!

	1. Person singular	2. Person singular	3. Person singular
Präsens	ich schreibe, ich tanze, ich brate, ich gewinne, ich rieche, ich nenne....	du schreibst, du tanzt, du brätst, du gewinnst, du riechst, du nennst	er, sie, es schreibt, er, sie, es tanzt, er, sie, es brät, er, sie, es gewinnt, er, sie, es riecht, er, sie, es nennt.
Präteritum	ich schrieb, ich tanzte, ich briet, ich gewann, ich roch, ich nannte	Du schriebst, du tanztest, du brietst, du gewannst, du rochst, du nanntest	er, sie, es schrieb, er, sie, es tanzte, er, sie, es briet, er, sie, es gewann, er, sie, es roch, er, sie, es nannte.
Perfekt	ich habe geschrieben, ich habe getanzt, ich habe gebraten, ich habe gewonnen, ich habe gerochen, ich habe genannt	du hast geschrieben, du hast getanzt, du hast gebraten, du hast gewonnen, du hast gerochen, du hast genannt	er, sie, es hat geschrieben, er, sie, es hat getanzt, er, sie, es hat gebraten, er, sie, es hat gewonnen, er, sie, es hat gerochen, du hast genannt
Plusquamperfekt	ich hatte geschrieben, ich hatte getanzt, ich hatte gebraten, ich hatte gewonnen, ich hatte gerochen, ich hatte genannt	du hattest geschrieben, du hattest getanzt, du hattest gebraten, du hattest gewonnen, du hattest gerochen, du hattest genannt	er, sie, es hatte geschrieben, er, sie, es hatte getanzt, er, sie, es hatte gebraten, er, sie, es hatte gewonnen, er, sie, es hatte gerochen, er, sie, es hatte genannt

Die Lösungen

3

Seite 17 Aufgabe 2:

!

	1. Person plural	2. Person plural	3. Person plural
Präsens	wir schreiben, wir tanzen, wir braten, wir gewinnen, wir riechen, wir nennen	ihr schreibt, ihr tanzt, ihr bratet, ihr gewinnt, ihr riecht, ihr nennt, ihr schneidet, ihr schweigt, ihr wascht	sie schreiben, sie tanzen, sie braten, sie gewinnen, sie riechen, sie nennen, sie schneiden, sie schweigen, sie waschen
Präteritum	wir schrieben, wir tanzten, wir brieten, wir gewannen, wir rochen, wir nannten, wir schnitten, wir schwiegen, wir wuschen	ihr schriebt, ihr tanztet, ihr brietet, ihr gewannt, ihr rocht, ihr nanntet	sie schrieben, sie tanzten, sie brieten, sie gewannen, sie rochen, sie nannten
Perfekt	wir haben geschrieben, wir haben getanzt, wir haben gebraten, wir haben gewonnen, wir haben gerochen, wir haben genannt.	ihr habt geschrieben, ihr habt getanzt, ihr habt gebraten, ihr habt gewonnen, ihr habt gerochen, ihr habt genannt	sie haben geschrieben, sie haben getanzt, sie haben gebraten, sie haben gewonnen, sie haben gerochen, sie haben genannt
Plusquamperfekt	wir hatten geschrieben, wir hatten getanzt, wir hatten gebraten, wir hatten gewonnen, wir hatten gerochen, wir hatten genannt.	ihr hattet geschrieben, ihr hattet getanzt, ihr hattet gebraten, ihr hattet gewonnen, ihr hattet gerochen, ihr hattet genannt	sie hatten geschrieben, sie hatten getanzt, sie hatten gebraten, sie hatten gewonnen, sie hatten gerochen, sie hatten genannt

Seite 18 Aufgabe 1:

Fahrt in den Urlaub

Familie Gruber hatte eine Ferienwohnung an der Ostsee gemietet. Da sie aber in Süddeutschland wohnte, hatte sie eine sehr lange Anreise. Inga (13) und Jens (15) wurden schon um 3:20 Uhr geweckt. Inzwischen saßen sie schon seit 9 Stunden im Auto. Ihre Eltern wechselten sich beim Fahren regelmäßig ab und machten deshalb kaum eine Pause. Inga spielte auf ihrem Handy schon den 6. Level eines Spiels, bei dem sie mit einer Drohne Pakete ausliefern muss. Jens saß still in der Ecke und las einen Action-Roman. Und da das Buch über 800 Seiten hatte, sollte es auch noch für die Rückfahrt reichen.

Plötzlich bremste ihr Vater. Er hielt vor einer Bäckerei und stieg aus. „Sind wir endlich da?", fragte Inga. Ihre Mutter schüttelte den Kopf. „ Wir haben noch 43 Kilometer vor uns. Aber Paps kauft eben ein paar Brötchen, damit ihr nicht verhungert." Gut gelaunt stieg Herr Gruber wieder ein. Es duftete herrlich nach frischen Brötchen. „So – Endspurt!", rief er fröhlich und gab Gas. Während die Kinder zufrieden kauten, spielte Frau Gruber das Navi und leitete ihren Mann direkt zu dem Ferienort. Doch dann wusste auch sie nicht mehr weiter. Am Ortseingang fragte sie einen Fußgänger nach der Adresse. Sie hatte Glück, denn der Mann konnte ihnen den Weg genau beschreiben. Sie müssen nur noch einmal links abbiegen und dann sind sie schon da. Endlich durften alle aussteigen und sich die Beine vertreten. „In den nächsten Tagen steige ich in kein Auto mehr!", seufzte Jens. Und seine Schwester ergänzte: „Ab jetzt wird nur noch gewandert."

Seite 18 Aufgabe 2:

	1. Person singular	2. Person singular	3. Person singular
Präsens	ich schreibe, ich tanze, ich brate, ich gewinne, ich rieche, ich nenne....	du schreibst, du tanzt, du brätst, du gewinnst, du riechst, du nennst	er, sie, es schreibt, er, sie, es tanzt, er, sie, es brät, er, sie, es gewinnt, er, sie, es riecht, er, sie, es nennt.
Präteritum	ich schrieb, ich tanzte, ich briet, ich gewann, ich roch, ich nannte	du schriebst, du tanztest, du brietst, du gewannst, du rochst, du nanntest	er, sie, es schrieb, er, sie, es tanzte, er, sie, es briet, er, sie, es gewann, er, sie, es roch, er, sie, es nannte.
Perfekt	ich habe geschrieben, ich habe getanzt, ich habe gebraten, ich habe gewonnen, ich habe gerochen, ich habe genannt	du hast geschrieben, du hast getanzt, du hast gebraten, du hast gewonnen, du hast gerochen, du hast genannt	er, sie, es hat geschrieben, er, sie, es hat getanzt, er, sie, es hat gebraten, er, sie, es hat gewonnen, er, sie, es hat gerochen, du hast genannt
Plusquamperfekt	ich hatte geschrieben, ich hatte getanzt, ich hatte gebraten, ich hatte gewonnen, ich hatte gerochen, ich hatte genannt	du hattest geschrieben, du hattest getanzt, du hattest gebraten, du hattest gewonnen, du hattest gerochen, du hattest genannt	er, sie, es hatte geschrieben, er, sie, es hatte getanzt, er, sie, es hatte gebraten, er, sie, es hatte gewonnen, er, sie, es hatte gerochen, er, sie, es hatte genannt

	1. Person plural	2. Person plural	3. Person plural
Präsens	wir schreiben, wir tanzen, wir braten, wir gewinnen, wir riechen, wir nennen	ihr schreibt, ihr tanzt, ihr bratet, ihr gewinnt, ihr riecht, ihr nennt, ihr schneidet, ihr schweigt, ihr wascht	sie schreiben, sie tanzen, sie braten, sie gewinnen, sie riechen, sie nennen, sie schneiden, sie schweigen, sie waschen
Präteritum	wir schrieben, wir tanzten, wir brieten, wir gewannen, wir rochen, wir nannten, wir schnitten, wir schwiegen, wir wuschen	ihr schriebt, ihr tanztet, ihr brietet, ihr gewannt, ihr rocht, ihr nanntet	sie schrieben, sie tanzten, sie brieten, sie gewannen, sie rochen, sie nannten
Perfekt	wir haben geschrieben, wir haben getanzt, wir haben gebraten, wir haben gewonnen, wir haben gerochen, wir haben genannt.	ihr habt geschrieben, ihr habt getanzt, ihr habt gebraten, ihr habt gewonnen, ihr habt gerochen, ihr habt genannt	sie haben geschrieben, sie haben getanzt, sie haben gebraten, sie haben gewonnen, sie haben gerochen, sie haben genannt
Plusquamperfekt	wir hatten geschrieben, wir hatten getanzt, wir hatten gebraten, wir hatten gewonnen, wir hatten gerochen, wir hatten genannt.	ihr hattet geschrieben, ihr hattet getanzt, ihr hattet gebraten, ihr hattet gewonnen, ihr hattet gerochen, ihr hattet genannt	sie hatten geschrieben, sie hatten getanzt, sie hatten gebraten, sie hatten gewonnen, sie hatten gerochen, sie hatten genannt

Die Lösungen

Seite 20 **Aufgabe 1:** ⊙

begehrenswert, begehrenswerter, am begehrenswertesten – berühmt, berühmter, am berühmtesten – dumm, dümmer, am dümmsten – erstaunlich, erstaunlicher, am erstaunlichsten – freundlich, freundlicher, am freundlichsten – glänzend, glänzender, am glänzendsten – grob, gröber, am gröbsten – hübsch, hübscher, am hübschesten – intensiv, intensiver, am intensivsten – kostbar, kostbarer, am kostbarsten – kraftvoll, kraftvoller, am kraftvollsten – liebenswert, liebenswerter, am liebenswertesten – mächtig, mächtiger, am mächtigsten – pikant, pikanter, am pikantesten – selbstsicher, selbstsicherer, am selbstsichersten – traumhaft, traumhafter, am traumhaftesten – verblüffend, verblüffender, am verblüffendsten – wertvoll, wertvoller, am wertvollsten – zuverlässig, zuverlässiger, am zuverlässigsten.

Seite 20 **Aufgabe 2:** ⊙

Ein älterer Mann fuhr mit seinem Auto viel zu schnell durch die Stadt. An der gelben Ampel gab er noch einmal mächtig Gas. Das junge Mädchen, das mit seinem kleinen Fahrrad brav auf Grün wartete, hatte großes Glück. Sie wollte gerade losfahren, als das schwarze Auto haarscharf an ihr vorbeiraste. Das Mädchen wurde kreidebleich und stieg schwer atmend ab. Nur langsam beruhigte sie sich wieder. Dann stieg sie auf ihr Rad, guckte sich sorgfältig um und radelte vorsichtig zur Schule.

Seite 20 **Aufgabe 3:** ⊙

Wir haben seit einer Woche eine neue Klassenlehrerin. Sie hat lange, blonde Haare und dunkele Augen. Sie ist viel jünger als Herr Berger. Sie ist aber auch strenger. Obwohl sie eine sehr leise Stimme hat, kann sie sich gut durchsetzen. Selbst Ferrat, unser größter Rabauke, ist plötzlich viel ruhiger geworden. Heute brachte sie uns neue Lesebücher mit. Es sind ganz viele, tolle Geschichten darin. Am besten gefällt mir die Kurzgeschichte von dem geistig behinderten Jungen, der ein kleines Mädchen aus dem eiskalten Teich gezogen hat.

Seite 21 **Aufgabe 1:** !

begehrenswert, begehrenswerter, am begehrenswertesten – berühmt, berühmter, am berühmtesten – dumm, dümmer, am dümmsten – erstaunlich, erstaunlicher, am erstaunlichsten – freundlich, freundlicher, am freundlichsten – glänzend, glänzender, am glänzendsten – grob, gröber, am gröbsten – hübsch, hübscher, am hübschesten – intensiv, intensiver, am intensivsten – kostbar, kostbarer, am kostbarsten – kraftvoll, kraftvoller, am kraftvollsten – liebenswert, liebenswerter, am liebenswertesten – mächtig, mächtiger, am mächtigsten – pikant, pikanter, am pikantesten – selbstsicher, selbstsicherer, am selbstsichersten – traumhaft, traumhafter, am traumhaftesten – verblüffend, verblüffender, am verblüffendsten – wertvoll, wertvoller, am wertvollsten – zuverlässig, zuverlässiger, am zuverlässigsten.

Seite 21 **Aufgabe 2:** !

Ein älterer Mann fuhr mit seinem Auto viel zu schnell durch die Stadt. An der gelben Ampel gab er noch einmal mächtig Gas. Das junge Mädchen, das mit seinem kleinen Fahrrad brav auf Grün wartete, hatte großes Glück. Sie wollte gerade losfahren, als das schwarze Auto haarscharf an ihr vorbeiraste. Das Mädchen wurde kreidebleich und stieg schwer atmend ab. Nur langsam beruhigte sie sich wieder. Dann stieg sie auf ihr Rad, guckte sich sorgfältig um und radelte vorsichtig zur Schule.

Seite 21 **Aufgabe 3:** !

Wir haben seit einer Woche eine neue Klassenlehrerin. Sie hat lange, blonde Haare und dunkele Augen. Sie ist viel jünger als Herr Berger. Sie ist aber auch strenger. Obwohl sie eine sehr leise Stimme hat, kann sie sich gut durchsetzen. Selbst Ferrat, unser größter Rabauke, ist plötzlich viel ruhiger geworden. Heute brachte sie uns neue Lesebücher mit. Es sind ganz viele, tolle Geschichten darin. Am besten gefällt mir die Kurzgeschichte von dem geistig behinderten Jungen, der ein kleines Mädchen aus dem eiskalten Teich gezogen hat.

Seite 22 **Aufgabe 1:**

begehrenswert, begehrenswerter, am begehrenswertesten – berühmt, berühmter, am berühmtesten – dumm, dümmer, am dümmsten – erstaunlich, erstaunlicher, am erstaunlichsten – freundlich, freundlicher, am freundlichsten – glänzend, glänzender, am glänzendsten – grob, gröber, am gröbsten – hübsch, hübscher, am hübschesten – intensiv, intensiver, am intensivsten – kostbar, kostbarer, am kostbarsten – kraftvoll, kraftvoller, am kraftvollsten – liebenswert, liebenswerter, am liebenswertesten – mächtig, mächtiger, am mächtigsten – pikant, pikanter, am pikantesten – selbstsicher, selbstsicherer, am selbstsichersten – traumhaft, traumhafter, am traumhaftesten – verblüffend, verblüffender, am verblüffendsten – wertvoll, wertvoller, am wertvollsten – zuverlässig, zuverlässiger, am zuverlässigsten.

Seite 22 **Aufgabe 2:**

individuelle Lösung, z.B.:

Ein älterer Mann fuhr mit seinem Auto viel zu schnell durch die Stadt. An der gelben Ampel gab er noch einmal mächtig Gas. Das Mädchen, das mit seinem kleinen Fahrrad brav auf Grün wartete, hatte großes Glück. Sie wollte gerade losfahren, als das schwarze Auto haarscharf an ihr vorbeiraste. Das Mädchen wurde kreidebleich und stieg schwer atmend ab. Nur langsam beruhigte sie sich wieder. Dann stieg sie auf ihr Rad, guckte sich sorgfältig um und radelte vorsichtig zur Schule.

Die Lösungen

4

Seite 22 **Aufgabe 3:**

individuelle Lösung, z.B.:
alt, älter, am ältesten / jung, jünger, am jüngsten / schnell, schneller, am schnellsten / langsam, langsamer, am langsamsten / klein, kleiner, am kleinsten / groß, größer, am größten / schwer, schwerer, am schwersten / leicht, leichter, am leichtesten

Seite 22 **Aufgabe 4:**

Wir haben seit einer Woche eine neue Klassenlehrerin. Sie hat lange, blonde Haare und dunkele Augen. Sie ist viel jünger als Herr Berger. Sie ist aber auch strenger. Obwohl sie eine sehr leise Stimme hat, kann sie sich gut durchsetzen. Selbst Ferrat, unser größter Rabauke, ist plötzlich viel ruhiger geworden. Heute brachte sie uns neue Lesebücher mit. Es sind ganz viele, tolle Geschichten darin. Am besten gefällt mir die Kurzgeschichte von dem geistig behinderten Jungen, der ein kleines Mädchen aus dem eiskalten Teich gezogen hat.

5

Seite 24 **Aufgabe 1:**

Sandra im Supermarkt

Gestern fragte ihre Mutter, ob Sandra für sie in den Supermarkt gehen würde. Sandra wunderte sich, denn sonst ging ihre Mutter lieber selber.

Sie zog sich ihre Jacke an, nahm das Geld, das ihre Mutter ihr gab und fragte, welche Lebensmittel sie mitbringen solle. Mutter gab ihr die Einkaufsliste, die sie schon geschrieben hatte.

Im Supermarkt waren viele Kunden. Manche schlenderten nur so umher, mehrere suchten ganz gezielt nach Produkten und einer fragte die Verkäuferin, welche gerade neue Waren in die Regale räumte, wo er die Butter finden würde. Sandra wunderte sich, denn für sie war es klar, dass alle Molkereiprodukte in die Kühltheke gehörten. Sie stand gerade an der Käsetheke, als eine Frau sie ansprach: „Dieser Käse hier ist deutlich besser als jener, den sie bislang hier hatten. Findest du nicht auch? Mein Geschmack war das jedenfalls nie!" Sandra nickte ihr zu, obwohl ihre Familie immer den anderen Käse aß. Was für ein blöder Spruch, fand sie. An der Kasse legte sie ihre Waren auf das Band, welches sie langsam nach vorne zog. Sie bezahlte mit dem Geld, das ihre Mutter ihr gegeben hatte, packte ihren Einkauf in die Tasche, die sie mitgebracht hatte und ging gut gelaunt in die Straße, in der das Haus ihrer Familie steht.

Seite 24 **Aufgabe 2:**

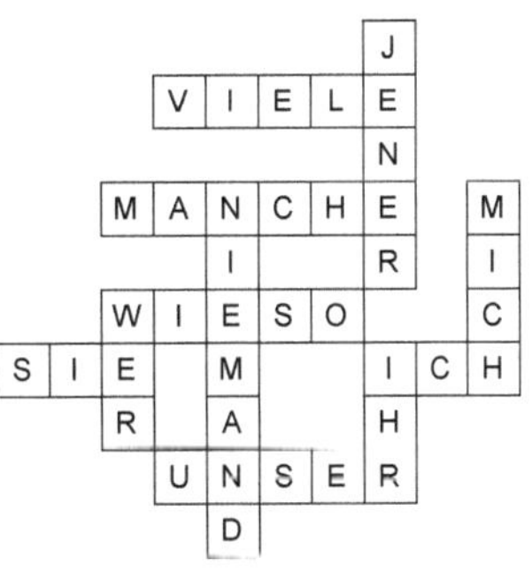

Seite 24 **Aufgabe 3:** 

Gestern war ich im Fußballstadion. Es waren sehr viele Zuschauer dort. Manche hatten einen Sitzplatz. Ich fragte mich, wieso einige freiwillig standen. Niemand schien sich darüber zu ärgern. Unser Sportlehrer und dieser und jener saßen auf der Tribüne. Sie tranken in Ruhe ihr Bier. Ach so: Das Spiel endete übrigens 0:0.

Seite 25 **Aufgabe 1:**

!

Sandra im Supermarkt

Gestern fragte ihre (Pers.) Mutter, ob Sandra für sie (Pers.) in den Supermarkt gehen würde. Sandra wunderte sich, (Refl.) denn sonst ging ihre (Pers.) Mutter lieber selber.

Sie zog sich (Refl.) ihre (Poss.) Jacke an, nahm das Geld, das (Rel.) ihre (Pers.) Mutter ihr (Pers.) gab und fragte, welche (Inter.) Lebensmittel sie (Pers.) mitbringen solle. Mutter gab ihr (Pers.) die Einkaufsliste, die (Rel.) sie (Pers.) schon geschrieben hatte.

Im Supermarkt waren viele Kunden. Manche (Indef.) schlenderten nur so umher, mehrere (Indef.) suchten ganz gezielt nach Produkten und einer (Indef.) fragte die Verkäuferin, welche (Rel.) gerade neue Waren in die Regale räumte, wo er (Pers.) die Butter finden würde. Sandra wunderte sich (Refl.), denn für sie (Pers.) war es klar, dass alle (Indef.) Molkereiprodukte in die Kühltheke gehörten. Sie (Pers.) stand gerade an der Käsetheke, als eine (Indef.) Frau sie (Pers.) ansprach: „Dieser (Dem.) Käse hier ist deutlich besser als jener (Dem.), den sie (Pers.) bislang hier hatten. Findest du (Pers.) nicht auch? Mein (Poss.) Geschmack war das jedenfalls nie!" Sandra nickte ihr (Pers.) zu, obwohl ihre (Pers.) Familie immer den anderen Käse aß. Was für ein (Inter.) blöder Spruch, fand sie. (Pers.) An der Kasse legte sie (Pers.) ihre (Poss.) Waren auf das Band, welches (Rel.) sie langsam nach vorne zog. Sie (Pers.) bezahlte mit dem Geld, das (Rel.) ihre (Pers.) Mutter ihr (Pers.) gegeben hatte, packte ihren (Poss.) Einkauf in die Tasche, die (Rel.) sie (Pers.) mitgebracht hatte und ging gut gelaunt in die Straße, in der (Rel.) das Haus ihrer (Poss.) Familie steht.

Die Lösungen

Seite 25 Aufgabe 2:

!

I C H (senkrecht), M I C H, W I E S O, M A N C H E, U N S E R, N I E M A N D, V I E L, S I E, I H R, J E N E R, W E R

Seite 25 Aufgabe 3:

!

individuelle Lösung, z.B.:
Gestern war ich im Fußballstadion. Es waren sehr viele Zuschauer dort. Manche hatten einen Sitzplatz. Ich fragte mich, wieso einige freiwillig standen. Niemand schien sich darüber zu ärgern. Unser Sportlehrer und dieser und jener saßen auf der Tribüne. Sie tranken in Ruhe ihr Bier. Ach so: Das Spiel endete übrigens 0:0.

Seite 26 Aufgabe 1:

Sandra im Supermarkt

Gestern fragte ihre (Pers.) Mutter, ob Sandra für sie (Pers.) in den Supermarkt gehen würde. Sandra wunderte sich, (Refl.) denn sonst ging ihre (Pers.) Mutter lieber selber.

Sie zog sich (Refl.) ihre (Poss.) Jacke an, nahm das Geld, das (Rel.) ihre (Pers.) Mutter ihr (Pers.) gab und fragte, welche (Inter.) Lebensmittel sie (Pers.) mitbringen solle. Mutter gab ihr (Pers.) die Einkaufsliste, die (Rel.) sie (Pers.) schon geschrieben hatte.

Im Supermarkt waren viele Kunden. Manche (Indef.) schlenderten nur so umher, mehrere (Indef.) suchten ganz gezielt nach Produkten und einer (Indef.) fragte die Verkäuferin, welche (Rel.) gerade neue Waren in die Regale räumte, wo er (Pers.) die Butter finden würde. Sandra wunderte sich (Refl.), denn für sie (Pers.) war es klar, dass alle (Indef.) Molkereiprodukte in die Kühltheke gehörten. Sie (Pers.) stand gerade an der Käsetheke, als eine (Indef.) Frau sie (Pers.) ansprach: „Dieser (Dem.) Käse hier ist deutlich besser als jener (Dem.), den sie (Pers.) bislang hier hatten. Findest du (Pers.) nicht auch? Mein (Poss.) Geschmack war das jedenfalls nie!" Sandra nickte ihr (Pers.) zu, obwohl ihre (Pers.) Familie immer den anderen Käse aß. Was für ein (Inter.) blöder Spruch, fand sie. (Pers.) An der Kasse legte sie (Pers.) ihre (Poss.) Waren auf das Band, welches (Rel.) sie langsam nach vorne zog. Sie (Pers.) bezahlte mit dem Geld, das (Rel.) ihre (Pers.) Mutter ihr (Pers.) gegeben hatte, packte ihren (Poss.) Einkauf in die Tasche, die (Rel.) sie (Pers.) mitgebracht hatte und ging gut gelaunt in die Straße, in der (Rel.) das Haus ihrer (Poss.) Familie steht.

Seite 27 Aufgabe 2:

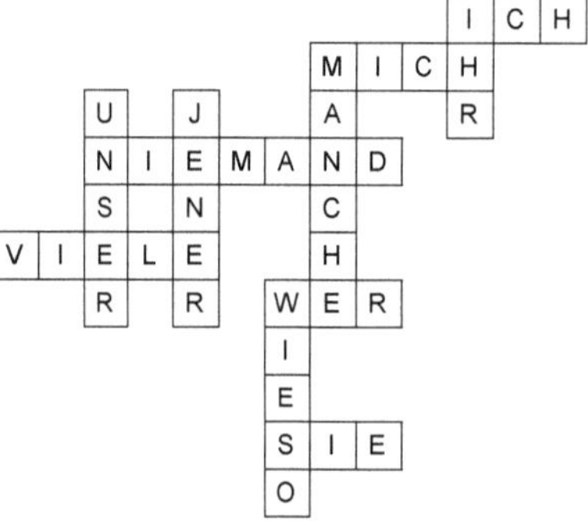

Seite 27 Aufgabe 3:

individuelle Lösung, z.B.:
Gestern war ich im Fußballstadion. Es waren sehr viele Zuschauer dort. Manche hatten einen Sitzplatz. Ich fragte mich, wieso einige freiwillig standen. Niemand schien sich darüber zu ärgern. Unser Sportlehrer und dieser und jener saßen auf der Tribüne. Sie tranken in Ruhe ihr Bier. Ach so: Das Spiel endete übrigens 0:0.

Seite 29 Aufgabe 1:

⊙

Dativ	Akkusativ
Ich sitze auf dem Stuhl.	Ich setze mich auf den Stuhl.
Die Aufgabe steht an der Tafel.	Der Lehrer schreibt die Aufgabe an die Tafel.
Mia steht hinter dem Stuhl von Celina.	Mia stellt sich hinter den Stuhl von Celina.
Die Katze liegt in ihrem Körbchen.	Die Katze legt sich in ihr Körbchen.
Das Heft liegt neben dem Buch.	Melanie legt das Heft neben das Buch.
Die Box hängt über dem Fernseher.	Er hängt die Box über den Fernseher.
Der Hund liegt unter dem Tisch.	Der Hund legt sich unter den Tisch.
Das Fahrrad steht vor der Garage.	Philipp stellt das Fahrrad vor die Garage.
Der Ball liegt zwischen den Büschen.	Er schoss den Ball zwischen die Büsche.

Die Lösungen

6

Seite 30 **Aufgabe 2:** ⊙

Die neue Spielekonsole

„Was ist denn in dem großen Paket?“, fragt Tim seinen Bruder Tom, der heute Geburtstag hat. Zusammen holen sie einen Karton aus dem Geschenkpapier. In dem Karton ist eine neue Spielekonsole mit einem Weltraumspiel. Tom liest vor:

„Future- Space 2037 – das Weltraumabenteuer für Unerschrockene.

Story: Nach dem Start von der Raketenbasis werden Sie während des ganzen Fluges schlafen. Kurz vor der Ankunft auf dem fremden Planeten wachen Sie auf. Ab diesem Zeitpunkt haben Sie innerhalb kürzester Zeit viele Aufgaben zu erledigen, einschließlich eines Kampfes gegen die Verteidiger des Planeten. Von dem Mutterschiff aus fliegen Sie auf einem Space-Rider wegen der geringen Schwerkraft sehr schnell um den fremden Planeten. Dabei stehen Sie unter großem Zeitdruck, denn innerhalb zweier Lichtjahre seit Ihrem Start müssen Sie auf Ihrem Heimatplaneten landen, weil sie sonst Ihr Leben verlieren.“

Die beiden Brüder schließen die Spielekonsole sofort an den Fernseher an und während der nächsten Stunden geht es ab in den Weltraum.

Seite 31 **Aufgabe 1:** !

Präpos.	Handlung	Dativ	Akkusativ
an	schreiben, Freundin		an die Freundin schreiben
auf	liegen, Bett	auf dem Bett liegen	
hinter	warten, Absperrung	hinter der Absperrung warten	
in	schreiben, Heft.		in das Heft schreiben
neben	stellen, Flaschen		neben die Flaschen stellen
über	reden, Nachbarn		über die Nachbarn reden
unter	schlafen, Brücke	unter der Brücke schlafen	
vor	stellen, Tor		vor das Tor stellen
zwischen	sitzen, Stühle	zwischen den Stühlen sitzen	

Seite 31 **Aufgabe 2:**

Die neue Spielekonsole

„Was ist denn in dem großen Paket?“, fragt Tim seinen Bruder Tom, der heute Geburtstag hat. Zusammen holen sie einen Karton aus dem Geschenkpapier. In dem Karton ist eine neue Spielekonsole mit einem Weltraumspiel. Tom liest vor:

„Future- Space 2037 – das Weltraumabenteuer für Unerschrockene.

Story: Nach dem Start von der Raketenbasis werden Sie während des ganzen Fluges schlafen. Kurz vor der Ankunft auf dem fremden Planeten wachen Sie auf. Ab diesem Zeitpunkt haben Sie innerhalb kürzester Zeit viele Aufgaben zu erledigen, einschließlich eines Kampfes gegen die Verteidiger des Planeten. Von dem Mutterschiff aus fliegen Sie auf einem Space-Rider wegen der geringen Schwerkraft sehr schnell um den fremden Planeten. Dabei stehen Sie unter großem Zeitdruck, denn innerhalb zweier Lichtjahre seit Ihrem Start müssen Sie auf Ihrem Heimatplaneten landen, weil sie sonst Ihr Leben verlieren.“

Die beiden Brüder schließen die Spielekonsole sofort an den Fernseher an und während der nächsten Stunden geht es ab in den Weltraum.

Seite 32 **Aufgabe 1:**

Dativ	Akkusativ
Die Box hängt über dem Fernseher.	Er hängt die Box über den Fernseher.
Ich sitze auf dem Stuhl.	Ich setze mich auf den Stuhl.
Die Aufgabe steht an der Tafel.	Der Lehrer schreibt die Aufgabe an die Tafel.
Mia steht hinter dem Stuhl von Celina.	Mia stellt sich hinter den Stuhl von Celina.
Die Katze liegt in ihrem Körbchen.	Die Katze legt sich in ihr Körbchen.
Das Heft liegt neben dem Buch.	Melanie legt das Heft neben das Buch.
Der Hund liegt unter dem Tisch.	Der Hund legt sich unter den Tisch.
Das Fahrrad steht vor der Garage.	Philipp stellt das Fahrrad vor die Garage.
Der Ball liegt zwischen den Büschen.	Er schoss den Ball zwischen die Büsche.

Seite 33 **Aufgabe 2:**

Das Geschenkpapier, das große Paket, das Mutterschiff, der Fernseher, der fremde Planet, der fremde Planet, der ganze Flug, der Start, der Weltraum, die Ankunft, die nächsten Stunden, die Raketenbasis, dieser Zeitpunkt, ein Kampf, ein Space-Rider, ein Weltraumspiel, großer Zeitdruck, Ihr Heimatplanet, Ihr Start, kürzeste Zeit, Unerschrockener, zwei Lichtjahre.

Die Lösungen

Seite 33 **Aufgabe 3:**

Die neue Spielekonsole

„Was ist denn in dem großen Paket?", fragt Tim seinen Bruder Tom, der heute Geburtstag hat. Zusammen holen sie einen Karton aus dem Geschenkpapier. In dem Karton ist eine neue Spielekonsole mit einem Weltraumspiel. Tom liest vor:
„Future- Space 2037 – das Weltraumabenteuer für Unerschrockene.
Story: Nach dem Start von der Raketenbasis werden Sie während des ganzen Fluges schlafen. Kurz vor der Ankunft auf dem fremden Planeten wachen Sie auf. Ab diesem Zeitpunkt haben Sie innerhalb kürzester Zeit viele Aufgaben zu erledigen, einschließlich eines Kampfes gegen die Verteidiger des Planeten. Von dem Mutterschiff aus fliegen Sie auf einem Space-Rider wegen der geringen Schwerkraft sehr schnell um den fremden Planeten. Dabei stehen Sie unter großem Zeitdruck, denn innerhalb zweier Lichtjahre seit Ihrem Start müssen Sie auf Ihrem Heimatplaneten landen, weil sie sonst Ihr Leben verlieren."
Die beiden Brüder schließen die Spielekonsole sofort an den Fernseher an und während der nächsten Stunden geht es ab in den Weltraum.

Seite 35 **Aufgabe 1:**

⊙

Rechts oder links?

Manuela hat schon oft davon geträumt, ein Mofa zu besitzen. Deshalb hat sie schon früh angefangen, fast ihr ganzes Taschengeld zu sparen. Und gestern hatte Manuela großes Glück: Sie wurde in die Mofa-AG der Schule aufgenommen. Sie freute sich sehr, denn sie kann dort den Mofaführerschein machen. Vielleicht besteht sie ja die Theorie-Prüfung sofort und wird dann bald zur praktischen Ausbildung zugelassen. Trotzdem hat Manuela auch Bedenken: Oft kann sie nämlich rechts und links nicht unterscheiden. Aus diesem Grund hat sie sich mit Zustimmung ihrer Eltern schon früh am linken Ohr einen zweiten Ohrring anbringen lassen. Und zwar innen. Wenn sie jetzt im Zweifel ist, fasst sie sich an die Ohren und das Problem ist sofort gelöst.

Seite 35 **Aufgabe 2:**

⊙

Seite 36 **Aufgabe 1:**

!

Rechts oder links?

Manuela hat schon oft davon geträumt, ein Mofa zu besitzen. Deshalb hat sie schon früh angefangen, fast ihr ganzes Taschengeld zu sparen. Und gestern hatte Manuela großes Glück: Sie wurde in die Mofa-AG der Schule aufgenommen. Sie freute sich sehr, denn sie kann dort den Mofaführerschein machen. Vielleicht besteht sie ja die Theorie-Prüfung sofort und wird dann bald zur praktischen Ausbildung zugelassen. Trotzdem hat Manuela auch Bedenken: Oft kann sie nämlich rechts und links nicht unterscheiden. Aus diesem Grund hat sie sich mit Zustimmung ihrer Eltern schon früh am linken Ohr einen zweiten Ohrring anbringen lassen. Und zwar innen. Wenn sie jetzt im Zweifel ist, fasst sie sich an die Ohren und das Problem ist sofort gelöst.

Seite 36 **Aufgabe 2:**

!

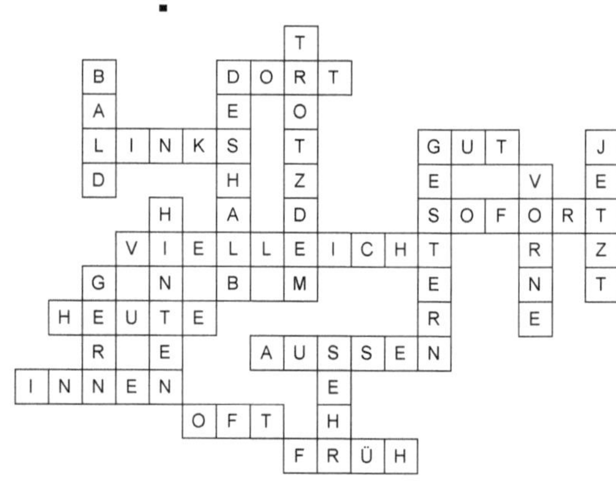

Seite 37 **Aufgabe 1:**

Rechts oder links?

Manuela hat schon oft davon geträumt, ein Mofa zu besitzen. Deshalb hat sie schon früh angefangen, fast ihr ganzes Taschengeld zu sparen. Und gestern hatte Manuela großes Glück: Sie wurde in die Mofa-AG der Schule aufgenommen. Sie freute sich sehr, denn sie kann dort den Mofaführerschein machen. Vielleicht besteht sie ja die Theorie-Prüfung sofort und wird dann bald zur praktischen Ausbildung zugelassen. Trotzdem hat Manuela auch Bedenken: Oft kann sie nämlich rechts und links nicht unterscheiden. Aus diesem Grund hat sie sich mit Zustimmung ihrer Eltern schon früh am linken Ohr einen zweiten Ohrring anbringen lassen. Und zwar innen. Wenn sie jetzt im Zweifel ist, fasst sie sich an die Ohren und das Problem ist sofort gelöst.

Seite 37 **Aufgabe 2:** ★

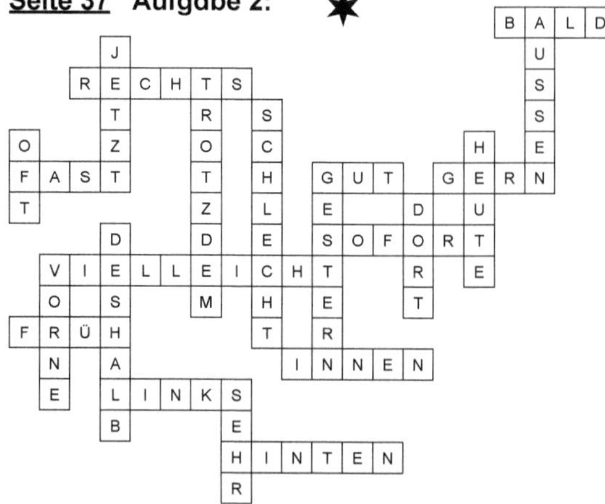

Die Lösungen

8

Seite 39 **Aufgabe 1:**

⊙

Satz	Adv.	Präp.
Passt bitte auf die Zeichensetzung **auf**!	☐	☒
Er streckte schon seine Fühler **danach** aus.	☒	☐
Der Polizist handelte den Umständen **entsprechend** richtig.	☐	☒
Der arme Hund zitterte **vor** Angst.	☐	☒
Die Katze jagt schon seit zwei Stunden hinter der Maus **her**.	☒	☐
Sie sitzt gleich **vorn** in der ersten Reihe.	☒	☐
Steffi verhält sich Marcel **gegenüber** sehr schüchtern.	☐	☒

Seite 39 **Aufgabe 2:**

⊙

Im Kaufhaus

Nursen und Saskia sind in (Präposition) einem großen Kaufhaus. Nursen war noch nie (Adverb) in (Präposition) so einem großen Kaufhaus und ist entsprechend aufgeregt.
„Guck mal, da vorne (Adverb) sind die Handys", ruft sie und stürmt sofort (Adverb) los.
In (Präposition) dem Regal gegenüber (Präposition) entdecken sie die Musik-CDs.
Dann schlendern sie einen Gang entlang (Präposition) zum Restaurant.
Obwohl es hier drinnen (Adverb) sehr voll ist, finden sie hinten (Adverb) in (Präposition) einer Ecke noch zwei Plätze.
Sie wählen unter (Präposition) den vielen Getränken eine Cola aus und sind bald (Adverb) in (Präposition) ein tiefes Gespräch über (Präposition) Mode, Jungs und Musik versunken.

Seite 40 **Aufgabe 1:**

!

Satz	Adv.	Präp.
Passt bitte **auf** die Zeichensetzung auf!	☐	☒
Er streckte schon seine Fühler **danach** aus.	☒	☐
Der Polizist handelte den Umständen **entsprechend** richtig.	☐	☒
Der arme Hund zitterte **vor** Angst.	☐	☒
Die Katze jagt schon seit zwei Stunden hinter der Maus **her**.	☒	☐
Sie sitzt gleich **vorn** in der ersten Reihe.	☒	☐
Steffi verhält sich Marcel **gegenüber** sehr schüchtern.	☐	☒

Seite 40 **Aufgabe 2:**

!

Im Kaufhaus

Nursen und Saskia sind in (Präposition) einem großen Kaufhaus. Nursen war noch nie (Adverb) in (Präposition) so einem großen Kaufhaus und ist entsprechend aufgeregt.
„Guck mal, da vorne (Adverb) sind die Handys", ruft sie und stürmt sofort (Adverb) los.
In (Präposition) dem Regal gegenüber (Präposition) entdecken sie die Musik-CDs.
Dann schlendern sie einen Gang entlang (Präposition) zum Restaurant.
Obwohl es hier drinnen (Adverb) sehr voll ist, finden sie hinten (Adverb) in (Präposition) einer Ecke noch zwei Plätze.
Sie wählen unter (Präposition) den vielen Getränken eine Cola aus und sind bald (Adverb) in (Präposition) ein tiefes Gespräch über (Präposition) Mode, Jungs und Musik versunken.

Seite 41 **Aufgabe 1:**

✶

Satz	Adv.	Präp.
Passt bitte **auf** die Zeichensetzung auf!	☐	☒
Er streckte schon seine Fühler **danach** aus.	☒	☐
Der Polizist handelte den Umständen **entsprechend** richtig.	☐	☒
Der arme Hund zitterte **vor** Angst.	☐	☒
Die Katze jagt schon seit zwei Stunden hinter der Maus **her**.	☒	☐
Sie sitzt gleich **vorn** in der ersten Reihe.	☒	☐
Steffi verhält sich Marcel **gegenüber** sehr schüchtern.	☐	☒

Seite 41 **Aufgabe 2:**

✶

Im Kaufhaus

Nursen und Saskia sind in (Präposition) einem großen Kaufhaus. Nursen war noch nie (Adverb) in (Präposition) so einem großen Kaufhaus und ist entsprechend aufgeregt.
„Guck mal, da vorne (Adverb) sind die Handys", ruft sie und stürmt sofort (Adverb) los.
In (Präposition) dem Regal gegenüber (Präposition) entdecken sie die Musik-CDs.
Dann schlendern sie einen Gang entlang (Präposition) zum Restaurant.
Obwohl es hier drinnen (Adverb) sehr voll ist, finden sie hinten (Adverb) in (Präposition) einer Ecke noch zwei Plätze.
Sie wählen unter (Präposition) den vielen Getränken eine Cola aus und sind bald (Adverb) in (Präposition) ein tiefes Gespräch über (Präposition) Mode, Jungs und Musik versunken.

Die Lösungen

9 **Seite 43 Aufgabe 1:**

⊙

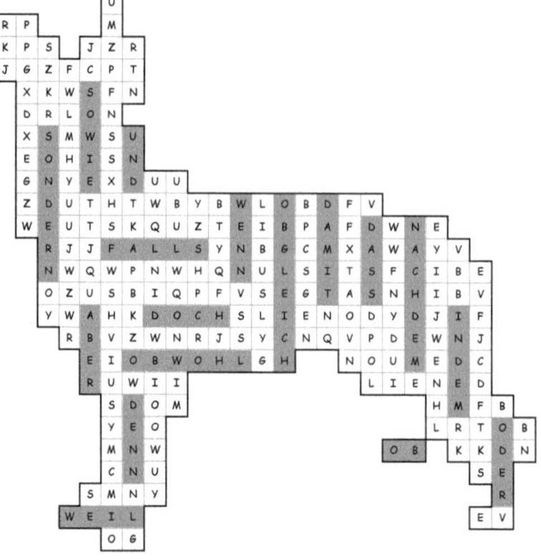

Seite 43 Aufgabe 2:

⊙

aber, damit, dass, denn, doch, falls, indem, nachdem, ob, obgleich, obwohl, oder, sondern, sowie, und, weil, wenn.

Seite 43 Aufgabe 3:

⊙

individuelle Lösung, z.B.:
Das Sportfest unseres Vereins war ein Erfolg, obwohl es regnete. Viele Athleten nahmen dennoch teil, obgleich es weder ein Zelt noch einen Unterstand für sie gab. Nachdem der Regen aufgehört hatte, gab es dennoch herausragende Leistungen.
Sowohl die Springer als auch die Werfer stellte Stadionrekorde auf.
Zum Abschluss gab es ein Konzert unserer Schulband. Die Musiker standen unter einem Pavillon, weil es regnete. Doch das trübte die Stimmung nicht, denn im Stadion wurde ausgelassen gefeiert.

Seite 44 Aufgabe 1:

!

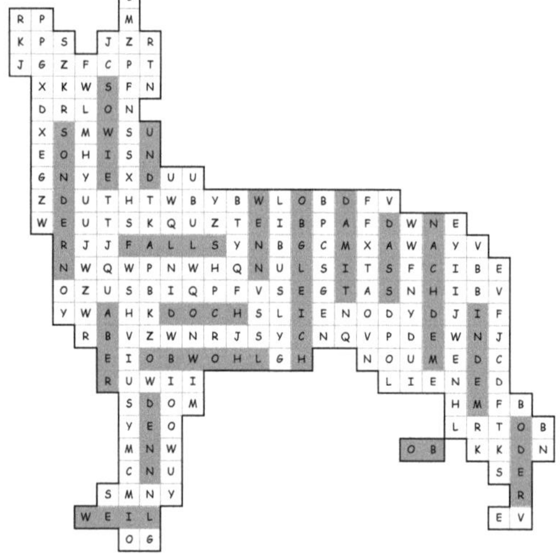

Seite 44 Aufgabe 2:

!

individuelle Lösung, z.B.:
Das Sportfest unseres Vereins war ein Erfolg, obwohl es regnete. Viele Athleten nahmen dennoch teil, obgleich es weder ein Zelt noch einen Unterstand für sie gab. Nachdem der Regen aufgehört hatte, gab es dennoch herausragende Leistungen.
Sowohl die Springer als auch die Werfer stellte Stadionrekorde auf.
Zum Abschluss gab es ein Konzert unserer Schulband. Die Musiker standen unter einem Pavillon, weil es regnete. Doch das trübte die Stimmung nicht, denn im Stadion wurde ausgelassen gefeiert.

Seite 45 Aufgabe 1:

✶

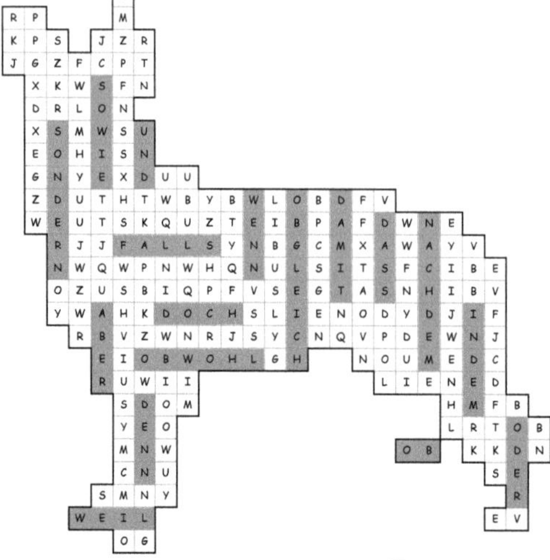

Seite 45 Aufgabe 2:

✶

individuelle Lösung, z.B.:
Das Sportfest unseres Vereins war ein Erfolg, obwohl es regnete. Viele Athleten nahmen dennoch teil, obgleich es weder ein Zelt noch einen Unterstand für sie gab. Nachdem der Regen aufgehört hatte, gab es dennoch herausragende Leistungen.
Sowohl die Springer als auch die Werfer stellte Stadionrekorde auf.
Zum Abschluss gab es ein Konzert unserer Schulband. Die Musiker standen unter einem Pavillon, weil es regnete. Doch das trübte die Stimmung nicht, denn im Stadion wurde ausgelassen gefeiert.